証券口座の
開き方から
教えます!

投資の学校

1年生1学期

投資アドバイザー
若林史江

宝島社

はじめに

私は20歳のときに株式投資を始め、最初はどちらかというと、値動きの激しい銘柄でドキドキしながら資金を増やすことに夢中でした。たった1銘柄で数千万円儲けたこともあります。

でも、あれから20数年、相場はいいときばかりではなく、リーマン・ショックや、最近ではコロナ・ショックなどによる大暴落が何度もありました。暴落相場で利益を出し続けるのは、金融のプロでも難しいことで、私もかなりのマイナスを出してしまったことがあります。

こんな経験を積んできた私なので、「投資には怖いイメージがあって、なかなか踏み出せない」という人たちの気持ちはすごくよくわかります。

でも、皆さんに真面目にお伺いしたいんですが、今、働いて入ってくる給料と貯金だけで、定年後のご自分やご家族の生活は問題ない、といい切れますか?

私の場合、投資を続けているのは、老後の備えということもありますが、もし急に仕事がなくなって給料収入がなくなったときに備え、もう1つの収入の道を確保している、という意味合いもあります。

オオタニさんの言葉でいえば、給料と株式収入の「二刀流」です！
二刀流の収入の道を確保しておくと、気持ちの上でも余裕が生まれます。なので、なかなか投資に踏み出せない皆さんにもぜひ、投資をおすすめしたいと思っています。

実は今、投資は100円からでも始められるんです。

以前は投資といえば、数十万～数百万円を用意する必要がありましたが、今は100円から投資できる金融商品がたくさんあります。

100円や500円を貯金箱に入れておくだけでは、貯めた分にしかなりません。そこで、自分もコツコツ貯めるけど、それだけでなく貯めたお金自身にも働いてもらって、お金を稼いでもらうしくみをつくるんです。あとはそのしくみの中で、お金が勝手に増えていきます。

こうすれば、ズボラな人でも、どんどんお金が増えていきます。そんな「目からウロコの投資の世界」を、私・若林史江が楽しく明るくわかりやすくご案内いたします。

若林史江

CONTENTS

証券口座の開き方から教えます！
投資の学校1年生1学期

Chapter 4

株式投資って何ですか？

Chapter 5

株や投信以外に投資できるものってあるの？……135

Chapter 6

※本書で紹介しているデータや情報は特別な表記がない限り、2023年5月現在のものです。本書は投資に役立つ情報を掲載していますが、あらゆる意思決定、最終判断は、ご自身の責任において行われますようお願いいたします。ご自身の投資で損害が発生した場合、株式会社宝島社および著者、本書制作にご協力いただいた企業・スタッフは一切、責任を負いません。また、本書の内容については正確を期すよう万全の努力を払っていますが、2023年5月以降に相場状況が大きく変化した場合、その変化は反映されていません。ご了承ください。

表紙デザイン●tobufune
本文デザイン●小沢 茴
編集協力●高水 茂、日野秀規
撮影●片桐 圭

Chapter 1

投資って、なぜ必要なんですか？

何で「投資」が必要なのでしょうか？

◆投資はあなたの『もう1つの職業』になる

ここ数年、とくに女性の間で、資産運用が大変盛り上がっています。私もさまざまな投資フェアやイベントなどに声をかけていただき、投資講演会やセミナーで全国を駆け回っています。投資を学びたいという方々の熱に直接触れ、思いを聞くことができる機会は、私にとってとても大切です。

セミナー終了後、残っている参加者をかき分けて私に思いを伝えてくれる人がいます。投資をするのは怖かったけど、話を聞いて不安が解消したし、やっぱりやらなきゃいけないという気持ちになれました！　と話してくれる人が後を絶ちません。

ここで質問です。

この本を買ってくださったあなたは、なぜ投資が必要なのだと思いますか？

それは、「投資があなたの『もう1つの職業』になるから」です。

年功序列や終身雇用など、私たちが安全安心に働ける時代は、ごく一部の大企業以外ではとっくに終わっています。

その代わりといってはなんですが、新しい働き方が認められるようになっています。副業を解禁する企業が増え、すきまの空き時間や手持ちの特技、資格を有効活用して働く「スキルシェア」が普及してきました。

「リスキリング（Re-skilling）」という言葉を聞いたことがある人も多いでしょう。社会人として経験を積んできた人が、それまでとは違う分野に踏み出すためのお勉強のことです。

私は、株式や投資信託、金（ゴールド）などへの投資も、広い意味で新しい働き方に含まれると思っています。

投資は、本業以外のすきま時間を活かして強力にお金を生み出すことができる「副業」です。投資を続けていくことは常に学びがあるので、死ぬまでマイペースで無理なく続けられる強力な「リスキリング」だとも思っています。

私は株式評論家と名乗って仕事をしていますが、いつ仕事がなくなるか、体調を崩して働けなくなるかわかりません。

そうなればあっという間に収入が途絶えてしまいますが、私には30年近く続けてきた株式投資があります。本業以外にもう1つお金を稼げる職業を持っている、両輪で走っているということが、私にとっては大きな安心感につながっているのです。

本書を読んで投資を始めれば、あなたも私と同じような安心感を持つことが必ずできます。自分や家族を守るために、当然のこととして、息をするように投資をしなければいけない時代が来ているのです。

◆この14年で日本株に投資したお金は3・6倍に増えていた！

そうはいってもまだ、本当に投資をしてお金が増えるのか？　と心配かもしれませんね。左ページの図を見てください。

このグラフの始まりは２００９年の4月末です。下の赤線は日本の株に、上の灰色の線は米国の株に投資する投資信託です。２０２３年4月末までの14年間で、それぞれの運用成績がどのようになったのかをグラフに描きました。

この14年で、日本株に投資する投資信託は3・6倍になりました。これを1年当たりの運用成績に直すと、日本株の投資信託を買っていれば、毎年9・6％ずつお金が増えた計算です。そして同じ期間、米国株の投資信託を買っていれば毎年14・7％ずつ、14年で6

14年間でお金が3.6倍に！

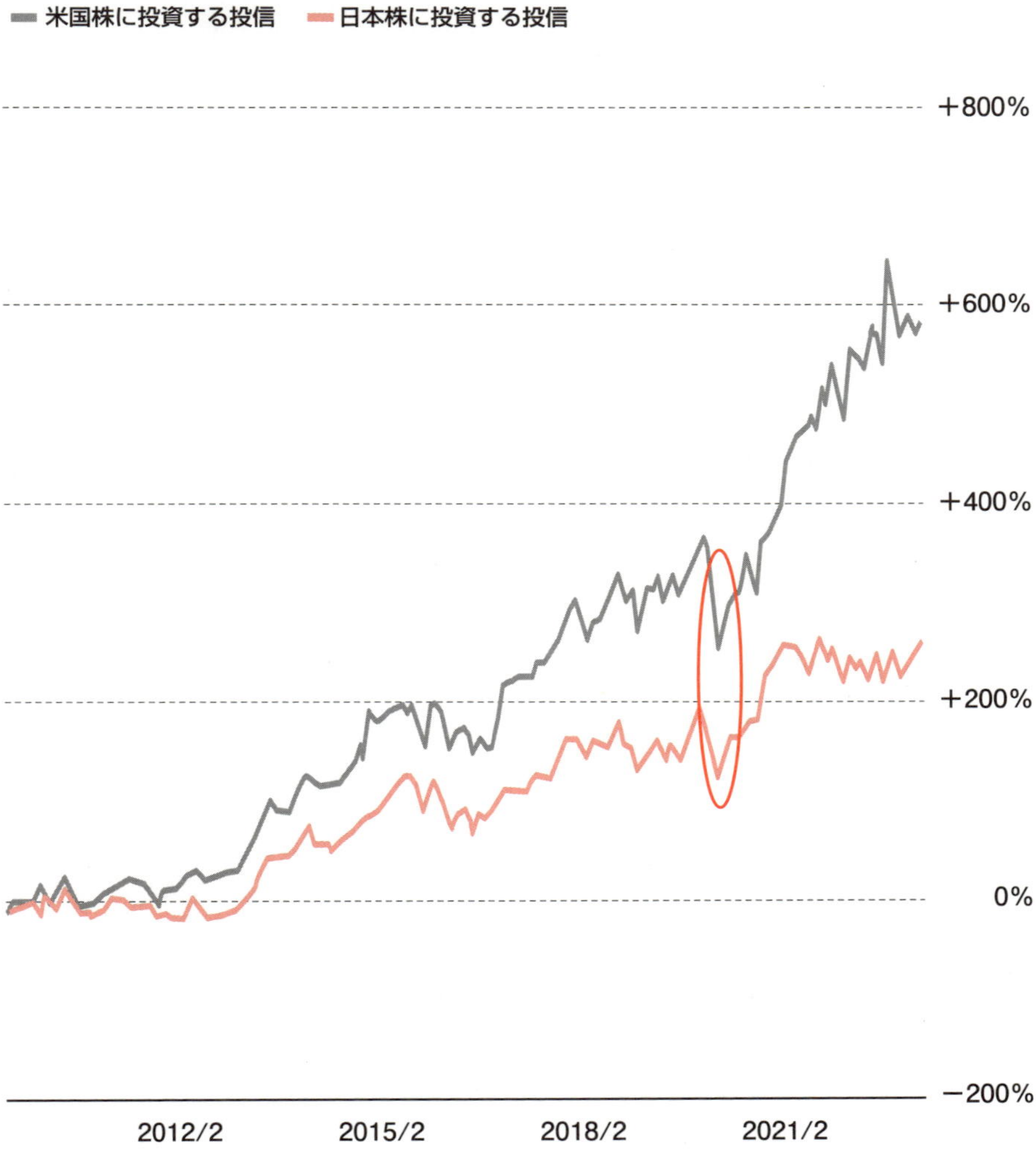

・8倍にお金が増えていたのです。

２００９年の定期預金金利は０・15％でした。同じ金利で定期預金に預けっぱなしにしていたとしても、14年間を通して、お金はたった２・１％しか増えなかった計算です。株式投資の威力が伝わるでしょうか？

日本で生活していると、給料はなかなか上がらないし少子高齢化で将来は怪しい、というような悪いニュースばかりが耳に入ってきますよね。株価はバブル崩壊以前の最高値である１９８９年12月29日の３万８９１５円をいまだに更新できていません。その上、国の顔である株価（＝日経平均）を日本政府は長らく対策もせず放置してきました。

そのせいもあり、株式投資＝大損をして立ち直れなくなるかも、という先入観から前向きに考えられない人が多いのも一理あります。株で失敗すると借金を背負わされるなんて、よほどハチャメチャなことをしない限り起こらないのに、さもギャンブルと同じであるかのようにいう人もいまだにいるくらいです。周りがそんな風潮だから、同調して安心する方向に流れてしまうという日本人っぽい弱さもあるでしょう。

でも、事実は違います。株式投資はギャンブルでも何でもありません。バブル崩壊の後始末はとっくに終わっていて、日本でも、株式投資で着実にお金を増やせる環境に戻っています。そしてなにより、国が投資環境を整え始めたことが、この14年で日本でも着実に株価が上昇してきたことの裏付けです。

米国の株式市場に目を向ければ、この日本の14年の上昇トレンドを50年に延ばしてみても、グラフの形はほとんど変わりません。凄いと思いませんか？　いかに日本政府が怠惰だったかの証明のようですね！

13ページのグラフの中で、丸で囲んだ箇所は、新型コロナウイルスの世界的なまん延による株価の下落です。日本株も米国株も、一時は30％以上も株価が下がりました。

とはいえ急落からの復活は早く、グラフの中でも少し目立つ凹《へこ》みでしかありません。世界がひっくり返るほどの出来事といわれたことも、これから10年、20年と投資を続けていくならば、この凹みはますます小さく目立たなくなり、「あの大騒動は、実は投資のチャンスだったんだ！」と思えるようになるでしょう。

投資で着実にお金を増やせるようになるための「3つの約束」

本書のタイトルで使っている「投資1年生1学期」という言葉には、私の強い思いがこもっています。

講演会やセミナーで全国を回っていると、こんな言葉をよく聞きます。

「投資本も証券会社も、投資をすすめてくる割にとっても不親切で、投資の敷居が高い！」

その中身を詳しく聞いてみると、多くの人たちが同じようなつまずきを経験していたのです。それらをまとめると、この「3つの不満」に集約できました。

① 口座開設がむずかしい！
② 投資をするときに知っておく「キホン」を教えてくれない！
③ 「私に合っている」投資法がわからない！

いわれてみればどれも本当にその通りで、だから投資に興味を持っていても始められない人が多いんだ……と腑《ふ》に落ちたのです。

この人たちが投資を始められるようになるために、学校に入学して1年生の1学期で教わるような「基本のき」にこだわって、わかりやすくお伝えしないといけません。そこで、本書はあなたに「3つの約束」をします！

① 必ず口座が開ける！
② 「投資脳」が身につく！
③ 「自分らしい」投資ができる！

さまざまなネットメディアやSNS、雑誌などでiDeCoやNISAという何やらおトクなしくみがあるらしいと聞きかじり、証券会社に口座を開こうとチャレンジするも、その複雑さに挫折してしまう人は本当に多いのです。

証券会社のWebサイトを開いていても、画面のどこをタッチすれば口座開設に行けるのかがわからない。困ってコールセンターに電話しても、つながらないまま何十分も待たされ、ついに心が折れてしまう。こんな話を何度も何度も聞きました。

そんな理不尽が二度と起こらないようにという気持ちを込めて、チャプター2で口座開設のやり方を実際の画面紹介つきで、手取り足取り親切ていねいに解説しています。どんな雑誌やネットの記事よりもわかりやすい口座開設ガイドになったと自負しています。

口座開設で挫折すればお金は1円も増えませんが、口座を開設して10年、20年とコツコツ投資をしていけば、やり方しだいで数百万～数千万円の運用結果は当たり前に期待できます。つまり、チャプター2には数千万円の価値があるんです！

チャプター3以降では、投資をするときに知っておくべき「キホン」として、「投資脳」を学びます。ふだんの生活でお金を稼いだり使ったりするときとは、少し違ったお金の「物差し」のことを、この本では「投資脳」といっています。

たとえば、投資信託を1000円分購入して、それが3日後に1100円になったとしましょう。このときに、「100円ぽっち儲かってもペットボトルのお茶の1本も買えないなぁ」と考えてしまうのが、ふだんお金を使うときの感覚です。

ここで元本から「10％も増えた！」と喜べる感覚が、投資で成功するために一番大切な

「投資脳」です。これを身につけることで、小さな損得に一喜一憂することなく、心をゆったりと構えて正しい投資法を続けることができるようになります。

さらに、あなたに合っている投資法の見つけ方をお伝えします。

投資をする「理由」や「目標」と、性格、投資期間はどれも人それぞれです。この全部をマッチさせた投資こそが、あなたにとっての「自分らしい」投資です。自分らしい投資法を見つけ出すことで、あなたはゆっくりと、でも着実にお金を増やしていくことができるようになります。

自分らしい投資法を見つける作業は、「私ってこの先の人生や、お金のことをこんなふうに考えているんだ……」っていう自分探しになったりもします。そう思うとわくわくしてきませんか？　楽しみに読み進めてくださいね。

これから最後まで、一緒に頑張っていきましょう！

Chapter 2

そもそも投資ってどうやるの？

Question 01

投資をすると、何でお金が増えるの？

◆お金を準備する方法は3つ

私たちは、将来のために、お金を準備しなければなりません。

お金を準備する方法は3つあります。1つは「貯金」、2つ目は「貯蓄」、そして3つ目は「投資」です。

このうち、「貯金」ではお金は増えません。たとえば毎日100円を貯金箱に入れているだけでは貯めた分にしかなりません。当たり前のことですよね。

「貯蓄」は銀行の預金などのことです。こちらはほんの少しですが貯金よりはお金が増えます。預金に利子がつくからです。

ただし、その利子というのは、たとえば定期預金に100万円預けたとしても、1年間で100円程度です（1年満期の定期預金の場合、金利は0・01%程度なので）。さらに

お金を準備する方法は3つ

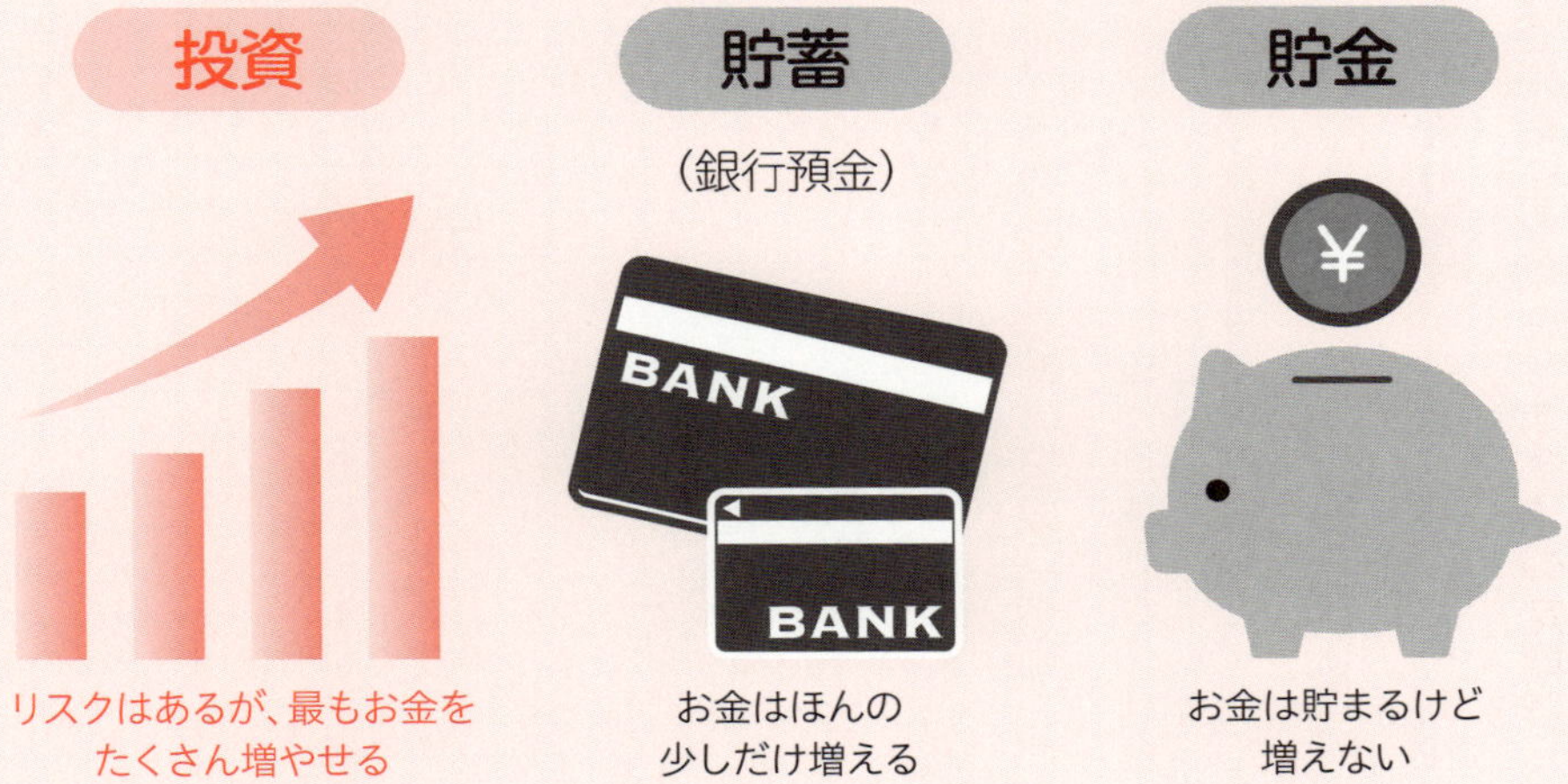
投資
貯蓄
（銀行預金）
貯金
BANK
BANK
¥
リスクはあるが、最もお金をたくさん増やせる
お金はほんの少しだけ増える
お金は貯まるけど増えない

そこから税金が引かれますので、実際に得られるお金は80円くらいです。これでは「増えた」という実感が全くないですよね。

そこで、お金を大きく増やしたい人には、「投資」をおすすめします。

あとで詳しく説明しますが、投資なら年率3％くらいを目標に、資産を運用することができます。100万円投資すれば年間で3万円増えるということです。

投資だと、なぜそんなにお金を増やせるのか、不思議に思う人もいるかもしれません。中には投資はギャンブルだと思っている人もいるかもしれません。

ですが、投資のしくみがわかれば、そんな疑問や不安も解消されると思いますので、ここでは投資でお金が増えるしくみを説明していきます。

◆株式投資で儲けるしくみ

投資にはいろいろ種類がありますが、代表的な投資の株式投資について説明します。

株式投資は、投資をする人（投資家）が、会社にお金を投資するものです。投資の方法として、その会社が発行している株（株式）を買います。

たとえばトヨタ自動車や、「ユニクロ」で有名なファーストリテイリングなどの株を買うことで、それらの会社に投資したことになります。

投資した会社が、新しい製品やサービスを開発して利益を出すと、「この会社はもっと伸びるんじゃないか」と思って、たくさんの人がその会社の株を買うようになります。そうすると、その会社の株の値段（株価）が上がります。

もし、2000円で買った株価が2060円になれば、3％の利益を得たことになります。実際には株は1株だけではなく、たくさん買うこともできますので、たとえば2万円で10株買っていれば3％の利益で600円、100万円分買っていれば、3万円の儲けということになります。100万円で年間80円しか儲からない定期預金と比べれば、はるかにたくさんお金を増やせますよね。

大勢の人が投資すると株価は上がる

みんなが投資すると、その会社の株価が上がって、利益も増える

実際には株価はもっと大きく上がることもあります。成長している会社の株は短期間に10％ぐらい上がることもあります。

ただし、注意しなければいけないのは、会社の株は上がることもあれば下がることもあるということです。２０００円で買った株が１８００円になってしまったら、お金を増やすどころか損をしてしまいます。

そこで、損をしないために、「そもそも、株価が下がりそうな会社の株は買わない」「１つの会社の株が下がっても損しないように、複数の会社の株を買う」などの方法があります。

本書では、このように損をする危険性（リスク）を回避する方法も詳しく説明していきます。

Question 02

お金がたくさんないと投資なんてできないんじゃないの？

◆今は数百～数千円で株が買える

投資をしない理由の1つとして「投資はお金がかかる」という考え方があるようです。たしかに、かつては株式投資というと、「単元株」といって100株をまとめて買わなければいけないというルールがありました。そのため、株価が数千円の会社の株を買おうとしたら数十万円のお金がなければ買えませんでした。左ページの図でいうと、1825円のトヨタ自動車の株は、最低でも18万2500円なければ買えませんでした。大企業の初任給ぐらいの金額で、誰にでも簡単に買えるものではありません。

ところが今は、単元株という縛りがなくなって、1株からでも企業の株が買えるようになりました。そのため、まとまったお金がなくてもお小遣い程度の金額で大企業の株が買えるのです。

少額からでも投資はできる！

従来は1825円の株を
100株単位でしか買えなかった
⇒1825円×100株
⇒最低18万2500円必要

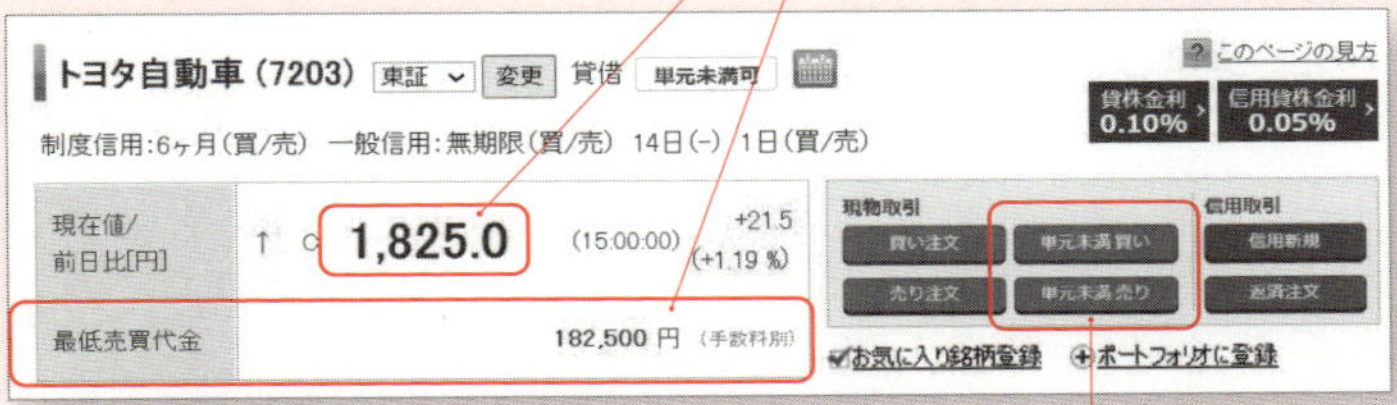

今は単元（100株）未満からでも
購入できる
（1株＝1825円からでも購入可）

今までは数十万〜100万円単位のお金がないと
株に投資できなかったが、
今では1万円以内で大企業の株も買うことができる

楽天証券の銘柄ページより。説明を簡略化するため、手数料は考慮していない。株価は2023年4月27日のもの

◆投資は100円からでもできる!

さらに投資信託を買う場合は、100円から買うこともできます。よく利用されているのが積立投資信託（積立投信）というものです。

投資信託については後ほど詳しく解説しますが、簡単にいうと、いろいろな会社の株式などを少しずつまとめて1つのパックにしたものです。たくさんの投資家が1つの投資信託を共同で購入し、利益が出た場合は、その投資家が投資している金額に応じて利益が配分されます。

投資信託は「ファンド」ということもあります。

積立投信なら、この投資信託を毎月100円ずつつみたてていって、少しずつ買い増していくことができます。買い増して、その投資信託に投資する金額が増えれば増えるほど、利益が出たときの配分も多くなるということです。

この投資信託のつみたてを毎月口座から自動的に買い増す設定にしておけば、ショッピングやレジャー費用などにお金を使ってしまう前に、お金をつみたて投資に回せます。

堅実にお金を増やすことができる手段として、この投資信託のつみたては初心者の方でも入りやすい投資法だと思います。

100円からでも自動でつみたて

つみたてをしていない場合

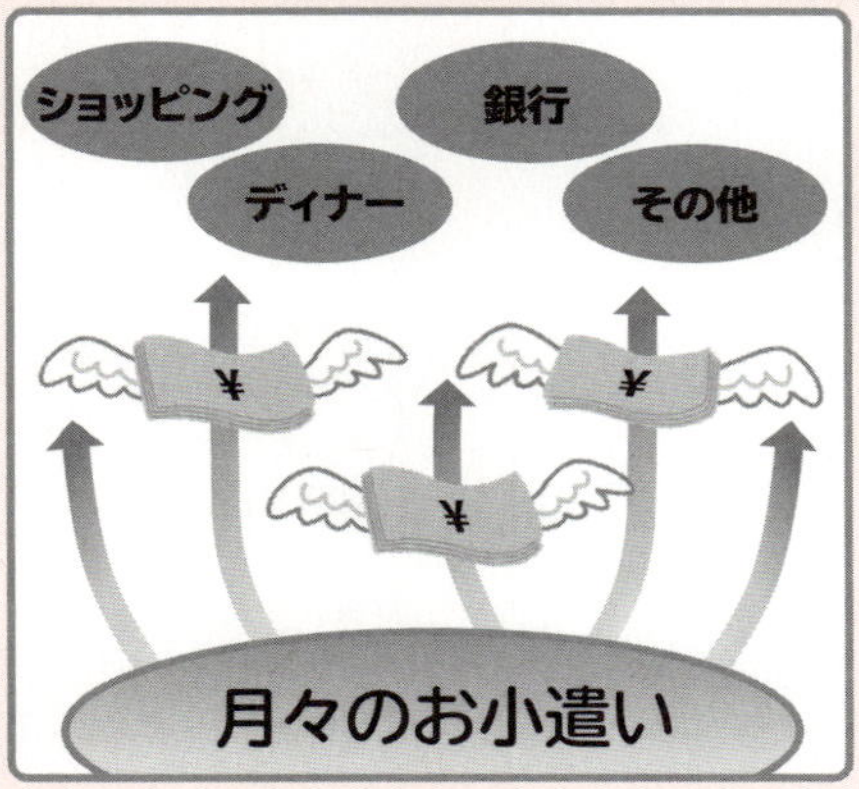

ショッピングや旅行などのレジャー費用に
月々の収入（お小遣いなど）が
使われてしまい、お金が残らない

つみたてをしている場合

自動つみたてにしておけば、
お金を使う前に自動的に投資に回せる

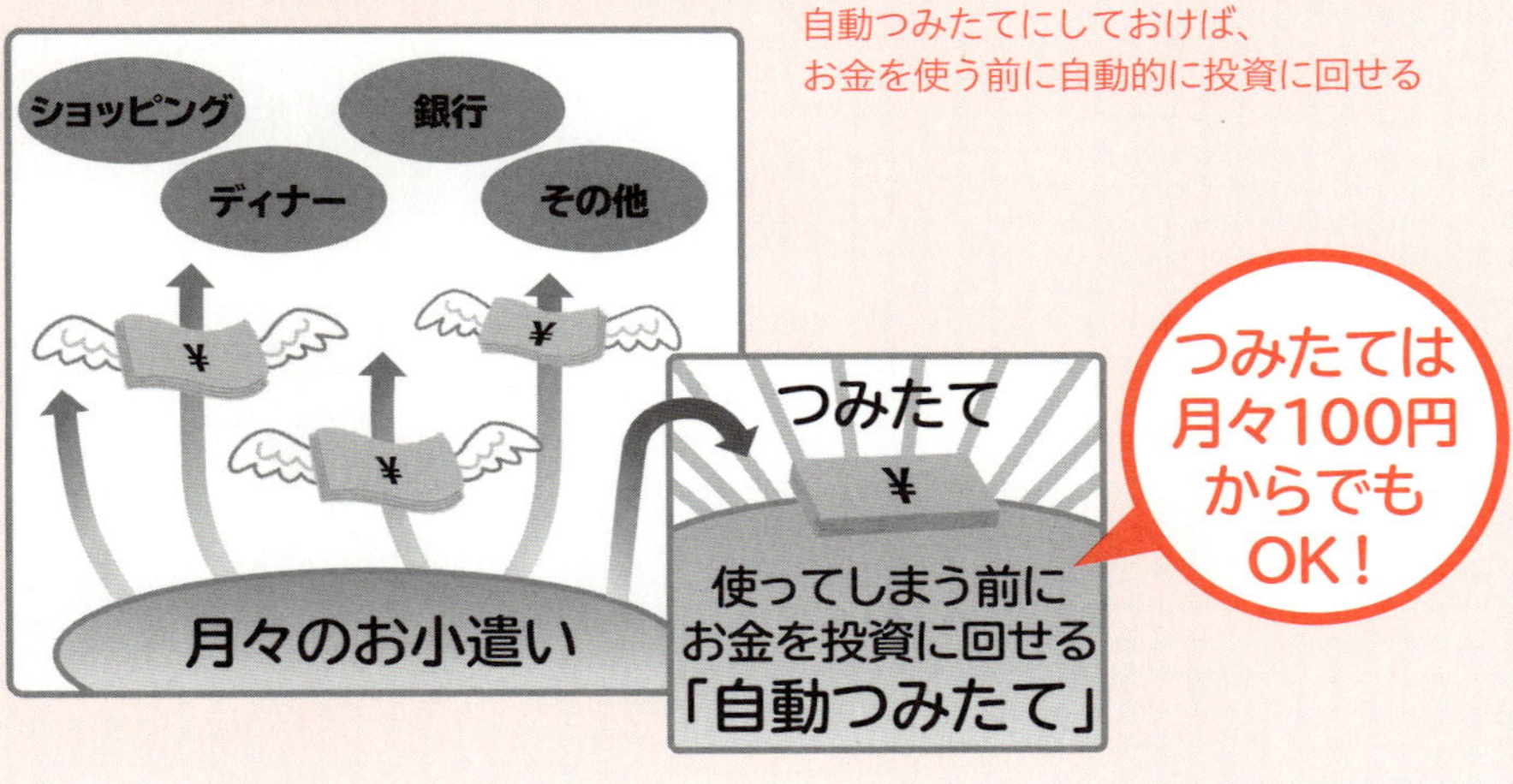

Question 03

100円程度でつみたてても大した金額にならないのでは？

◆複利という「魔法」でお金が雪だるま式に増える

つみたて投資が100円からできるということを説明しましたが、実際に毎月100円投資してもそんなにお金が貯まらないのではないかと思っている人も多いかと思います。ですが、前にも説明したように、貯金や定期預金ではつみたてた自分のお金が単純に貯まっていくだけで、元本は全く増えません。しかし、たとえ100円でも年率3％でつみたて投資を行ったら、どうなるでしょうか？

注：投資した金額に対する収益の割合のことを「利回り」といいます。このあと年率3％のことを「3％の利回り」とも表現しますが、意味は同じです

ここで「魔法」を使います。それが複利運用という魔法です。投資の世界には単利運用と複利運用という2つの運用方法があります。単利運用というのは元本(元手となるお金)

の100円だけを投資に回し、出た利益は分配して元本に戻すことです。この場合、年率3％の運用では、何年経っても100円に対しての1年分の運用利益は3円のままです。

一方、複利運用というのは、元本だけでなく運用利益も投資に回して、増えたお金にもまた働いて稼いでもらうしくみのことです。実はこの複利運用こそが、つみたて投資で雪だるま式にお金を増やすことを可能にする「魔法」なんです。

100円が1万円円だったらもっとすごいことに

31ページの図は、毎月100円つみたて投資を行い、年率3％の利回りで複利運用したときのお金の増え方をシミュレーションしたものです。説明をわかりやすくするために、税金は除いておきます。毎月得られる運用利益を元本に上乗せして、さらに運用に回したら、10年後には元本がいくらまで増えるかを計算しています。

すると、最初の1～2年目は年間36円ずつ増える単利運用とそれほど変わりません。しかし3年目あたりから、運用利益がさらに運用利益を稼いでくれる複利運用の効果がじわじわと効いてきて、以降はまるで雪だるまのように増えていきます。

実質的な利回りもどんどん上昇して、10年後には総額1万2000円のつみたて元本が約1万4000円になっているんです。利回りにして、実に約16・7％です。

一方で単利運用の場合は、いつまで経っても利回りは年率3%のままです。毎月100円×1年（12カ月）＝1200円に対する利回り3%（＝年間36円）が10年続くだけなので、360円の利益にしかなりません。

鶏から卵が1つ生まれたとき、その卵を食べてしまうと、次も卵は1つしか生まれません。これが元本だけを投資に回す単利運用になります。

しかし、ニワトリから生まれた卵を食べずに孵化《ふか》させて、ひよこがまた卵を産むようになれば、生まれる卵の数は2倍になります。その卵をまた孵化させて……ということを繰り返しやっていけば、卵はさらに何倍にも増えていきます。複利効果は人類史上最大の発見だと、相対性理論で有名なアインシュタイン博士もおっしゃっているほどです。複利効果は長期積立投資に自動的に組み込まれた「魔法の雪だるま」ということですね。

ここでは100円のつみたてで計算してみましたが、これがもし毎月1万円だったらどうなるでしょうか？　10年後には単純に単利と複利で16万円の差が出てきます。さらにボーナスが出たら少しつみたて金額を増やしてみるなど、元本を増やせば、運用利益がさらに利益を生んで、さらにお金は増えていきます。そうなると、お金を増やす楽しさが実感できて、投資に対するやる気も湧いてくるのではないでしょうか。

あなどれない「複利」の力！

年率3％で毎月100円つみたてた場合

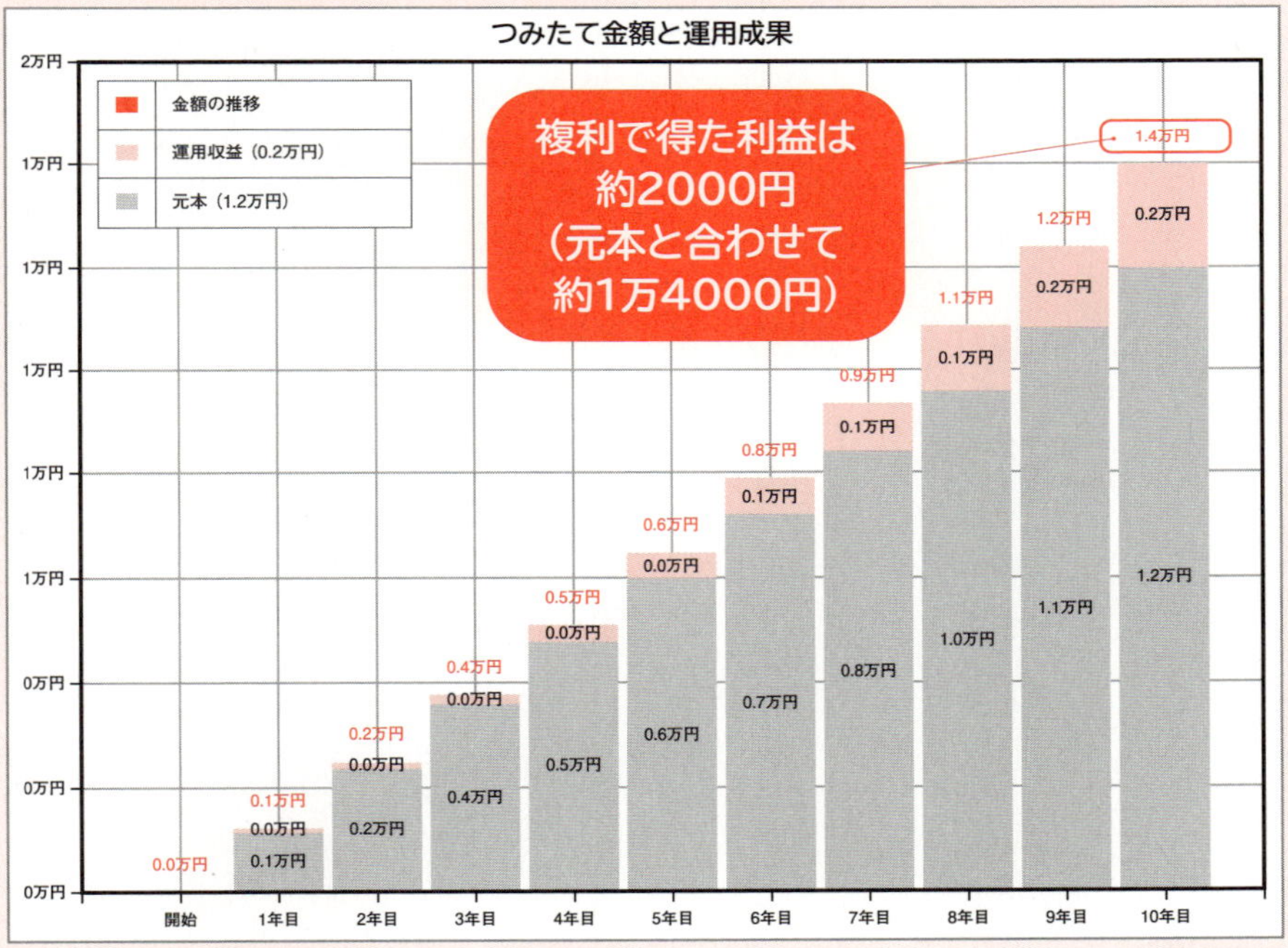

複利でなく単利の場合は、10年間の運用利益が合計で360円、
元本と合わせて1万2360円にしかならない

**実際の投資額を100円でなく1万円にすれば、
10年後には約140万円。
単利でつみたてた場合より16万円近くお金が増える**

金融庁「資産運用シミュレーション」で計算

Question 04

そもそも証券口座を開くのが面倒なんですけど

◆PCかスマホがあればカンタン！

投資をなかなか始められない人のネックになっているのが、「口座開設」です。実際はそんなに面倒な作業ではないのですが、いろいろな書類を用意したり郵送したりしなければいけないので、面倒くさいと思い込んでいる人が多いようです。

最近では、パソコンやスマートフォン（スマホ）を多くの人が使っています。友達にメールをしたり、SNSに写真や動画をアップしたりしている人なら、証券口座の開設も簡単にできます。試しに左ページから口座開設の手順を追ってみてください。本人確認の書類も郵送でなく、画面から送信できます。

もし、パソコンやスマホが苦手という人でも、証券会社（商品によっては銀行など）の窓口でも口座開設できますので、ご心配なく！

1 まずは証券会社のWebサイトを開く

楽天証券のWebサイト

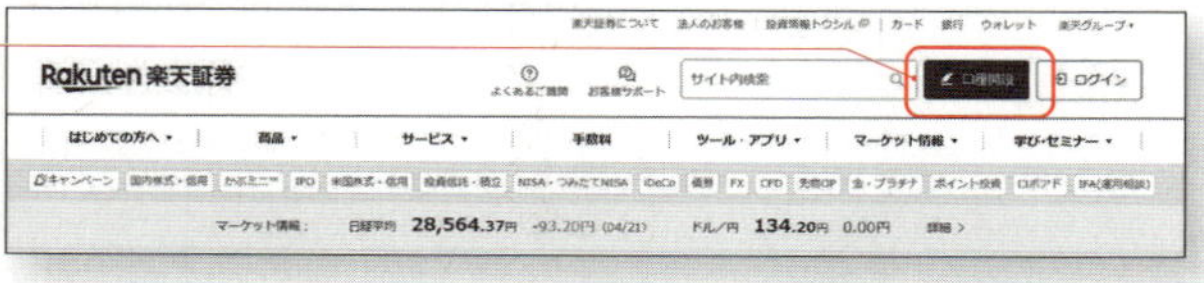

「口座開設」を
クリック

2 口座開設の案内画面が出てくる

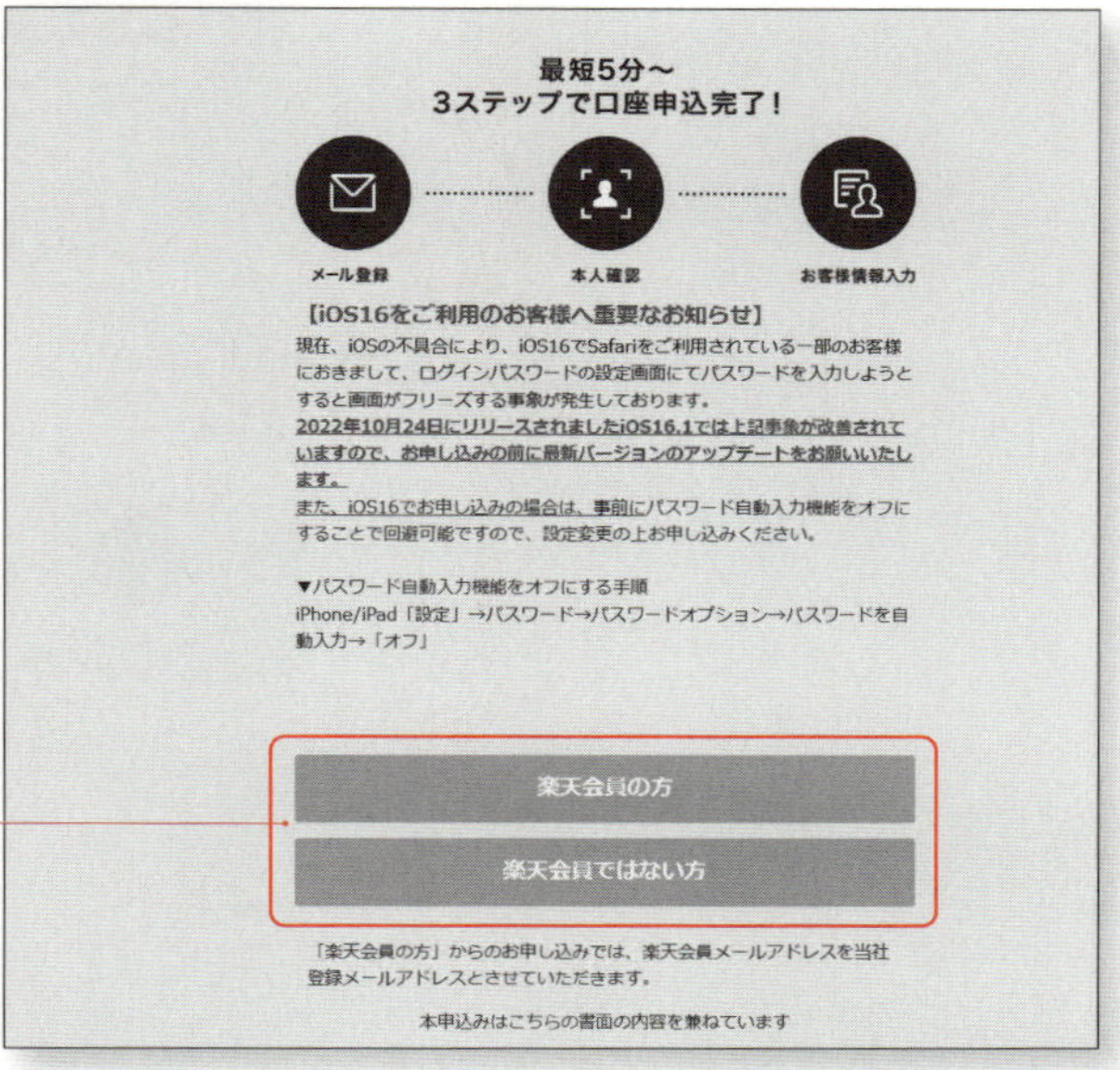

楽天会員の場合は
上のバーを
楽天会員でない場合は
下のバーを
クリック

3 メール送信の案内ページ

※楽天会員の方は下記画面がスキップされ、6の「国籍を選択」画面へ遷移します。

口座開設手続きがどのくらい進んでいるかが%で示される

メールアドレスを入力

クリック

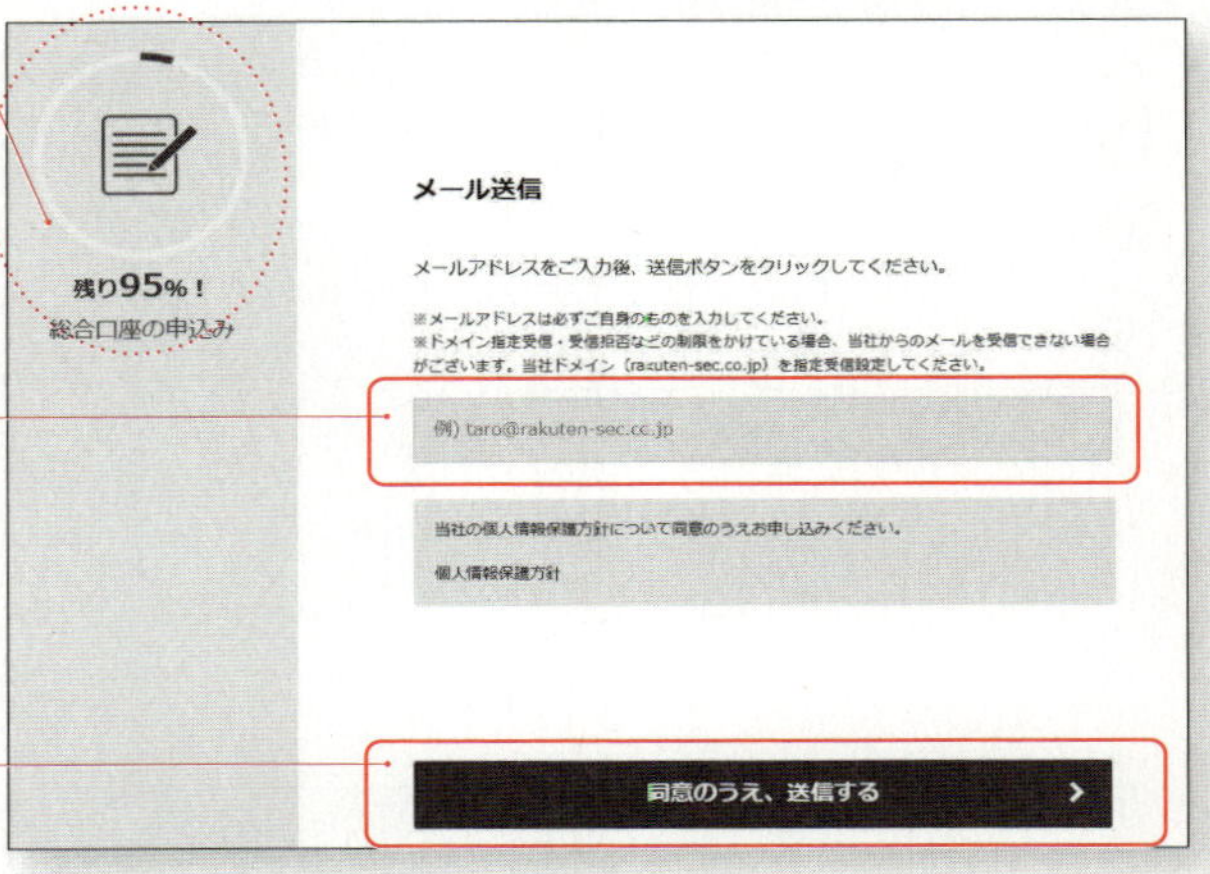

4 メールをご確認くださいという案内

このアドレスのメールを確認

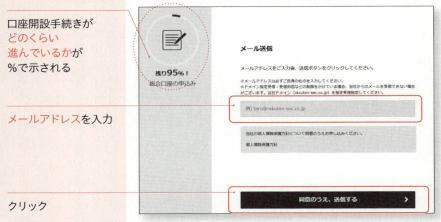

5 楽天証券からのメールを確認

クリック

From 楽天証券からのお知らせ

【楽天証券】総合口座をお申込みいただきありがとうございます

このたびは楽天証券の総合口座をお申込みいただき、誠にありがとうございます。

お手元に本人確認書類（運転免許証、個人番号カード等）をご準備の上、7日以内に申込手続きを行ってください。

▼お手続きの開始はこちらです(iPhoneの場合は「Safari」、Androidの場合は「Chrome」で開いてください。)
https://member.rakuten-sec.co.jp/service/setup/identDocSelect.do?
logindigest=3030303030303030303036313037393737383030303030303030303030303030303030303020230423912284b0

※申込みTOP画面で「楽天会員でない方」で新たにメールアドレスを登録して、お申込みをされた方は上記URLからお手続き
※申込みTOP画面で「楽天会員ログイン」でお申込みをされた方でも、まだお申込みが完了していない方は、上記URLからお
※「申込完了」せず7日を経過した場合、上記URLは無効になります。その場合はお手数ですが、口座申込手続きを始めからや
※本人確認のお手続きには個人番号カード（マイナンバーカード）がおすすめです。初期設定時のマイナンバー提出が不要と
（お手続きの途中で一度中断された場合、顧客情報保護のためマイナンバー情報は保存されません。

初期設定時にマイナンバーの提出があらためて必要となる場合があります。予めご了承ください。）

6 国籍を選択

日本人の場合は
「日本」を
クリック

国籍の選択

国籍を選択してください。

日本　　その他

<口座開設できない例>
・旧姓でのお申込み
・お住まいと異なる住所でお申込み（申込住所と本人確認書類に記載の住所の不一致）
※本人確認書類の住所変更がお済でない場合、住所変更後にお申込み下さい。

7 本人確認書類の選択

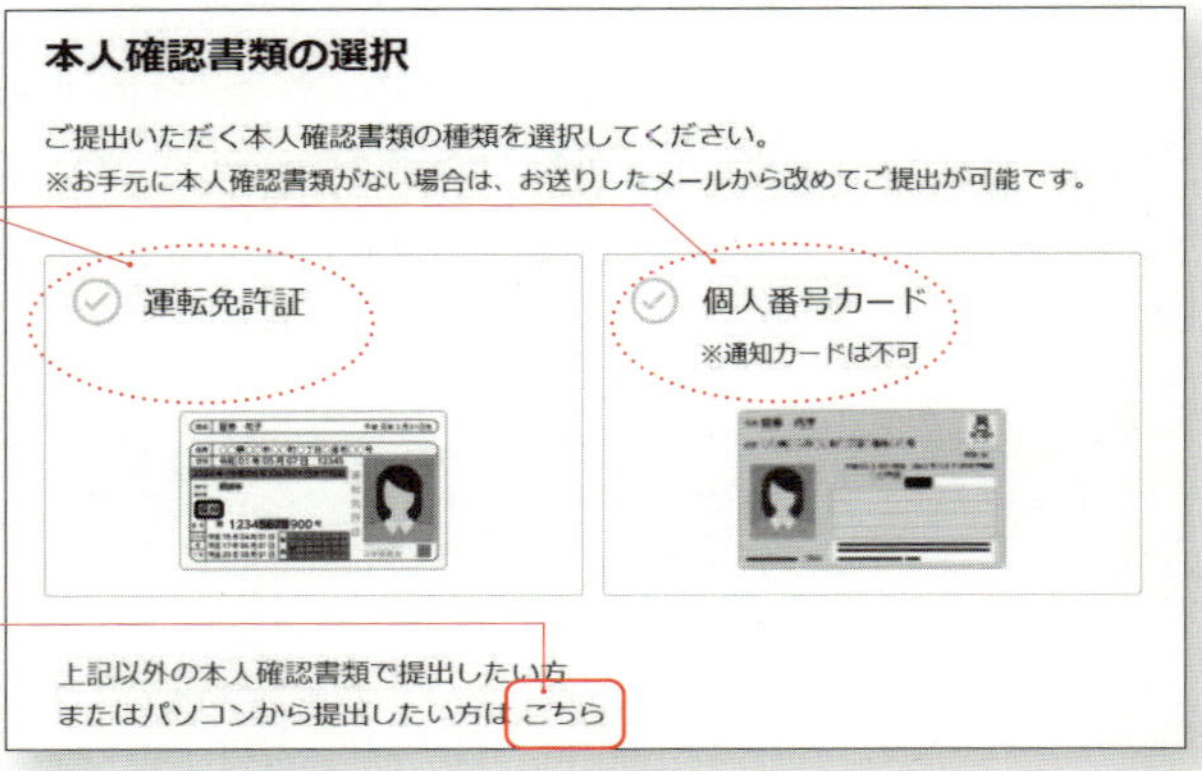

運転免許証と
個人番号カード
（マイナンバーカード）
どちらかを選択

上の書類以外
の本人確認書類を
提出したい人や、
パソコンから
提出したい人は、
ここをクリック

たとえば運転免許証を
選択すると、
QRコードが出てくる
※パソコンで本人確認書類の
選択画面へ遷移した場合

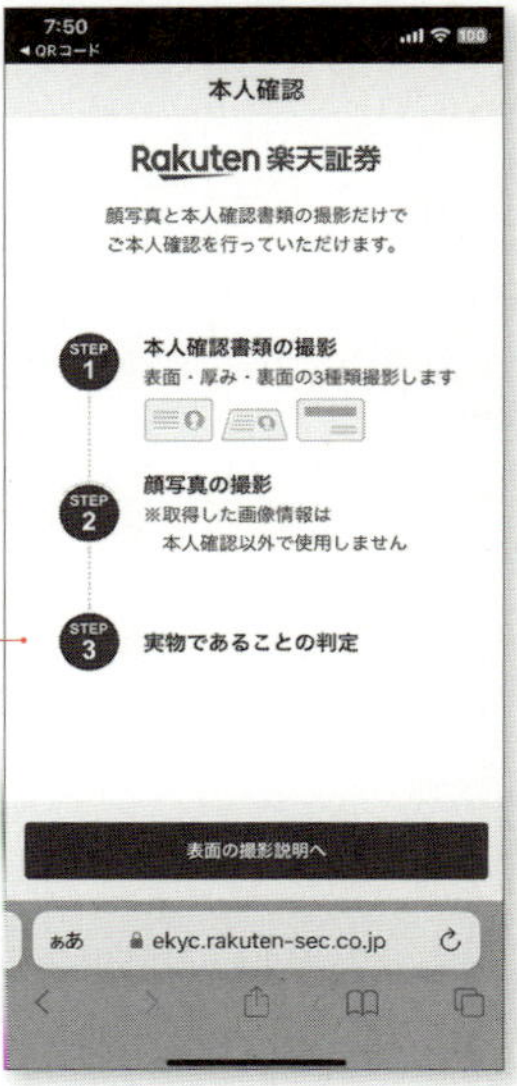

QRコードを
スマートフォンで
読み取り、
あとは画面の
指示に沿って
書類と自分の顔写真を
撮影

※スマートフォンで本人確認書類の
選択画面へ遷移した場合は
QRコードは表示されず次の画面へ
遷移できるボタンが表示されます

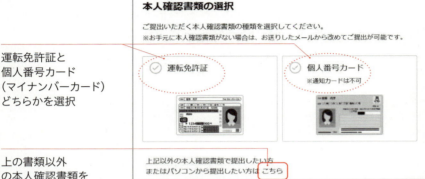

8 ファイルをアップロード（パソコンで）

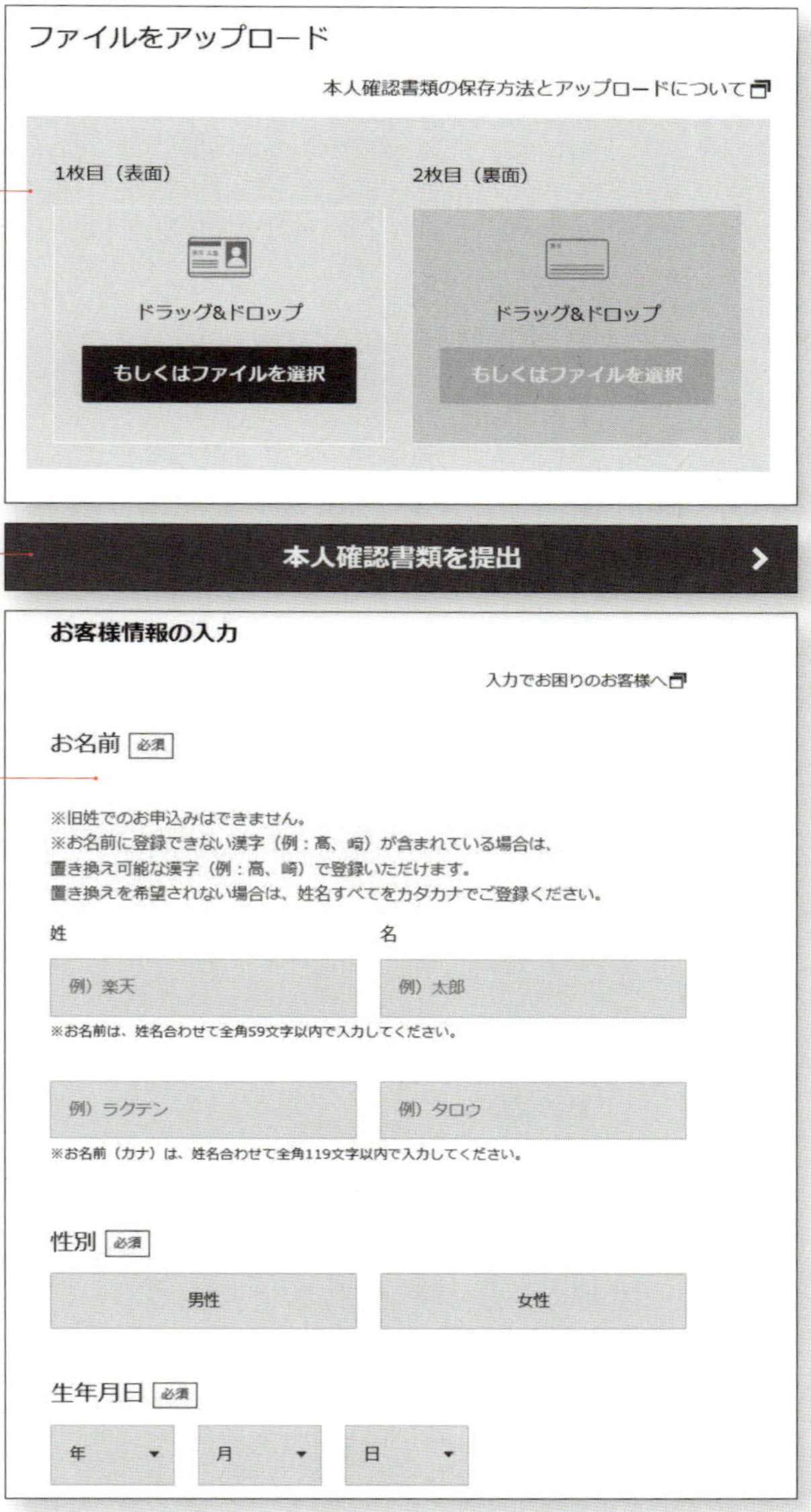

スマートフォンなどで撮影した書類（免許証、マイナンバーカードなど）の画像を取り込む（裏表）

「本人確認書類を提出」のバーをクリック

書類送信が終わると、お客様情報（個人情報）の入力画面が現れる（※以下は個人情報の入力画面になりますので、画面の指示に従って必要事項を入力していけば、口座が開設できます）

Question 05

口座を開いても売買の方法がわからないんですが？

◆手順に従って売買も簡単にできる

せっかく証券口座を開いても、株や投資信託の「売買のしかたがわからない」という人がいます。初めてのことですから、当然でしょう。でも大丈夫。左ページの手順に従って進めていけば、売買は簡単に行えます。

ただし、ここで説明するのは、あくまでも「手順」だけです。実際の株式投資などの売買の基本は「安く買って、高く売る」こと。そうしないと、利益（儲け）が出ないからです。株価が一番安いときに買って、高いときに売るのが理想的ですが、経験を積んだ投資家でも、なかなかそのようにうまく売買をすることはできません。

ですので、初めのうちは、あまり欲張らずに、少しでも買値より上がったら売るくらいの感じで、少しずつ利益を出していくくらいにしておくのがいいでしょう。

例：任天堂の株を買う場合

1 証券会社のWebサイトで検索

楽天証券のWebサイト

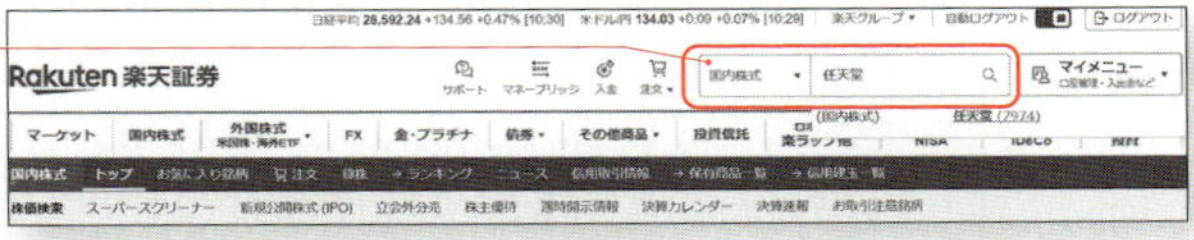

任天堂（7974）を検索。社名（任天堂）か証券コード（7974）を検索バーに入力

2 任天堂の銘柄画面が出てくる

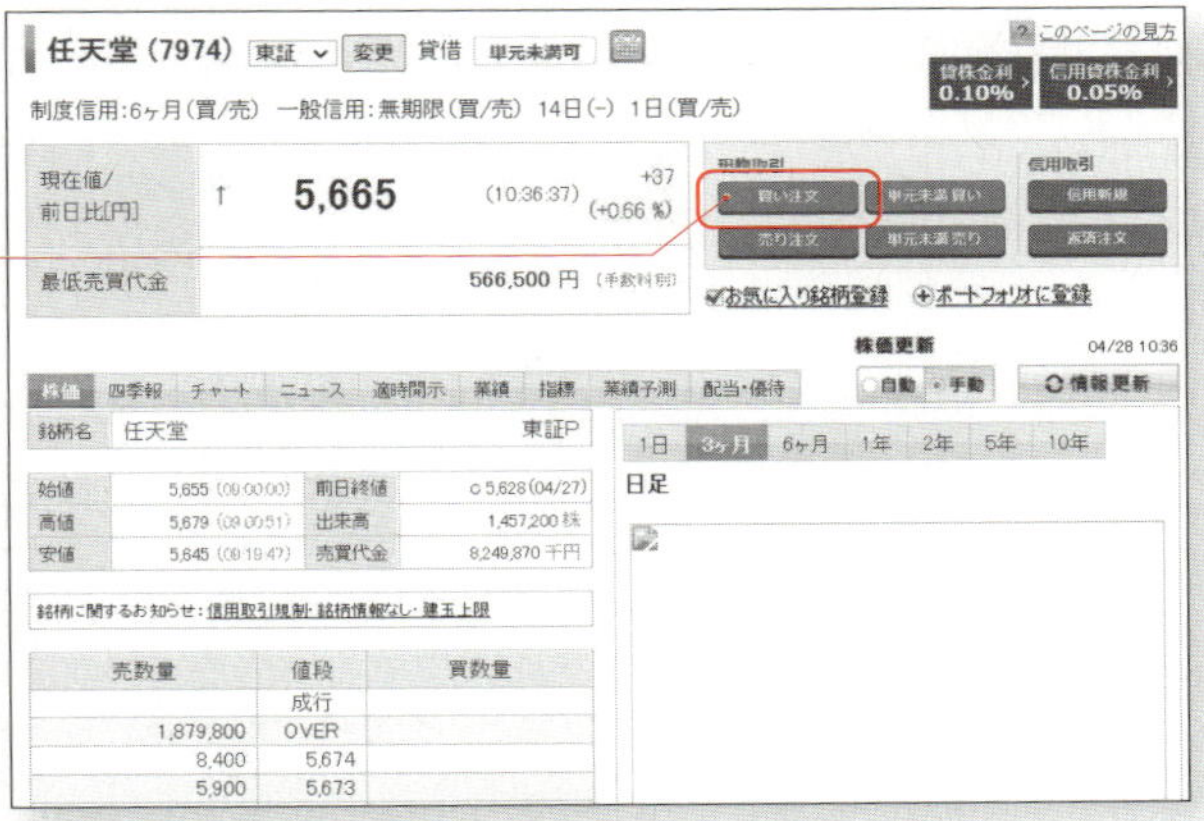

任天堂の株を買う場合は「買い注文」をクリック

3 取引画面（買い注文受付）

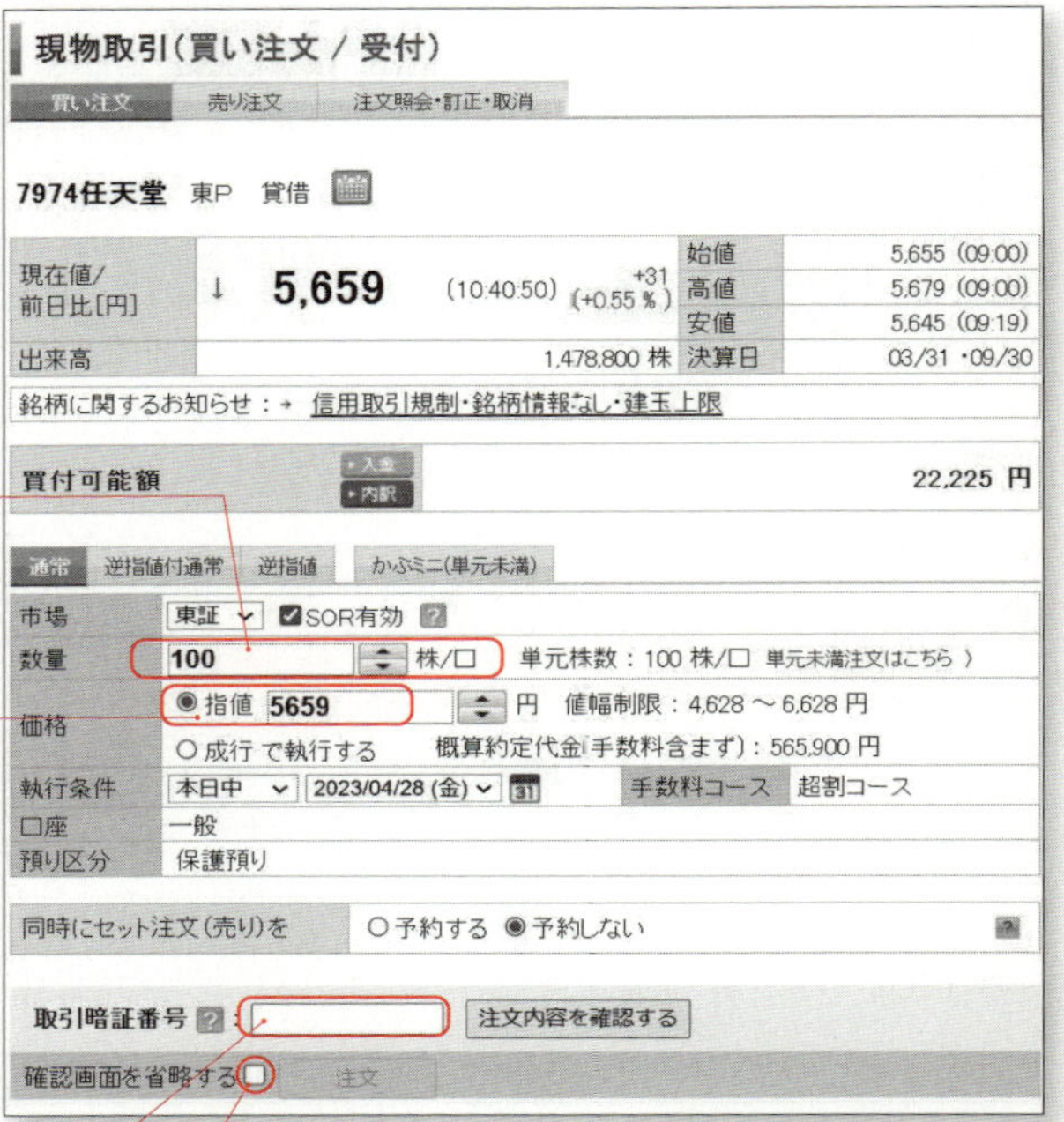

購入する**株数**を入力（通常は100株単位）

購入する**金額**（株価）を入力（現在は5659円なのでこの金額で買うかもう少し下がって5600円くらいになったら買うなど）

暗証番号を入力（口座開設時に設定した暗証番号）

確認画面を省略（すぐに購入したい場合などは、ここをチェックすれば入力確認画面を省略できる）

スマホでも買える！

楽天証券のスマホ用サイトや、株式売買専用アプリ「iSPEED」を使って、スマホでも株式の売買ができます

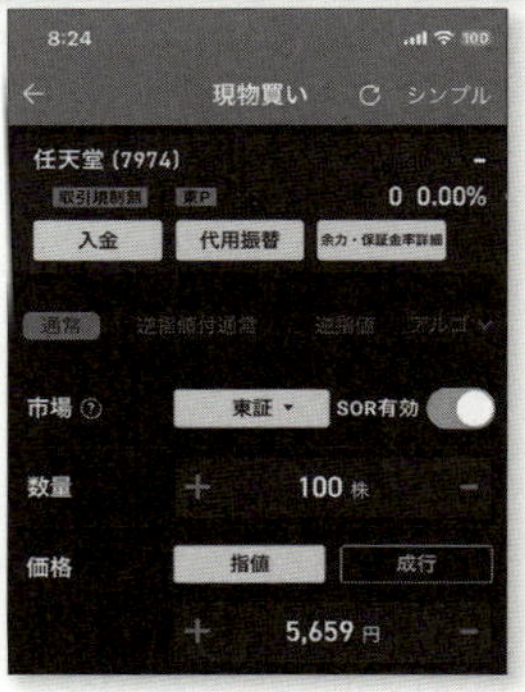

4 1株など少ない株数で買いたい場合

任天堂の銘柄画面で「単元未満買い」をクリック

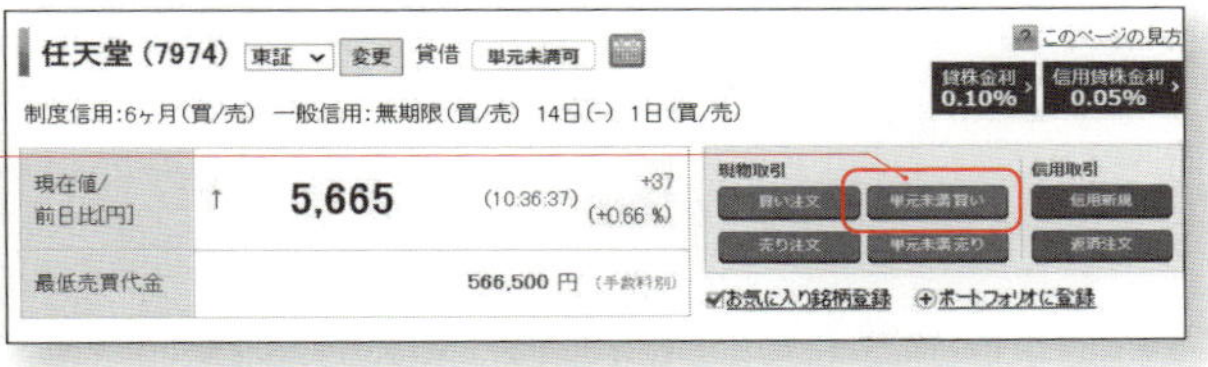

5 かぶミニ（単元未満）購入画面

1株だけ買う場合は枠に「1」と入力するか枠の右にある「＋」マークを1回クリック

注文種類は「成行（なりゆき）」のみ。「成行」とは、価格にこだわらず、いくらでもいいから買う注文のこと

※概算約定代金は東証の参考価格を基に算出しており、実際の約定単価とは異なる。また、別途スプレッドが加算される

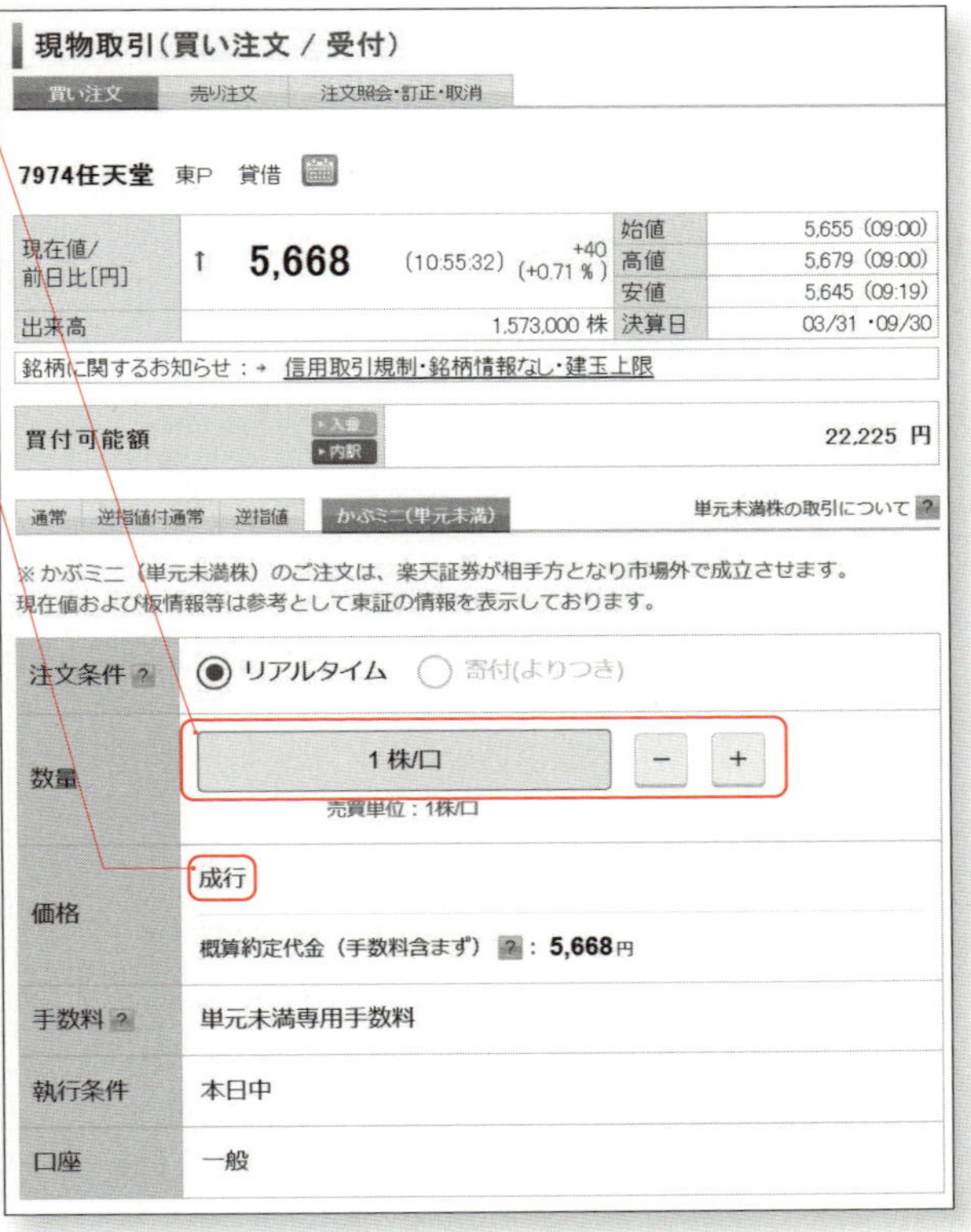

6 保有株を売る場合

例：サイボウズの株を売る場合

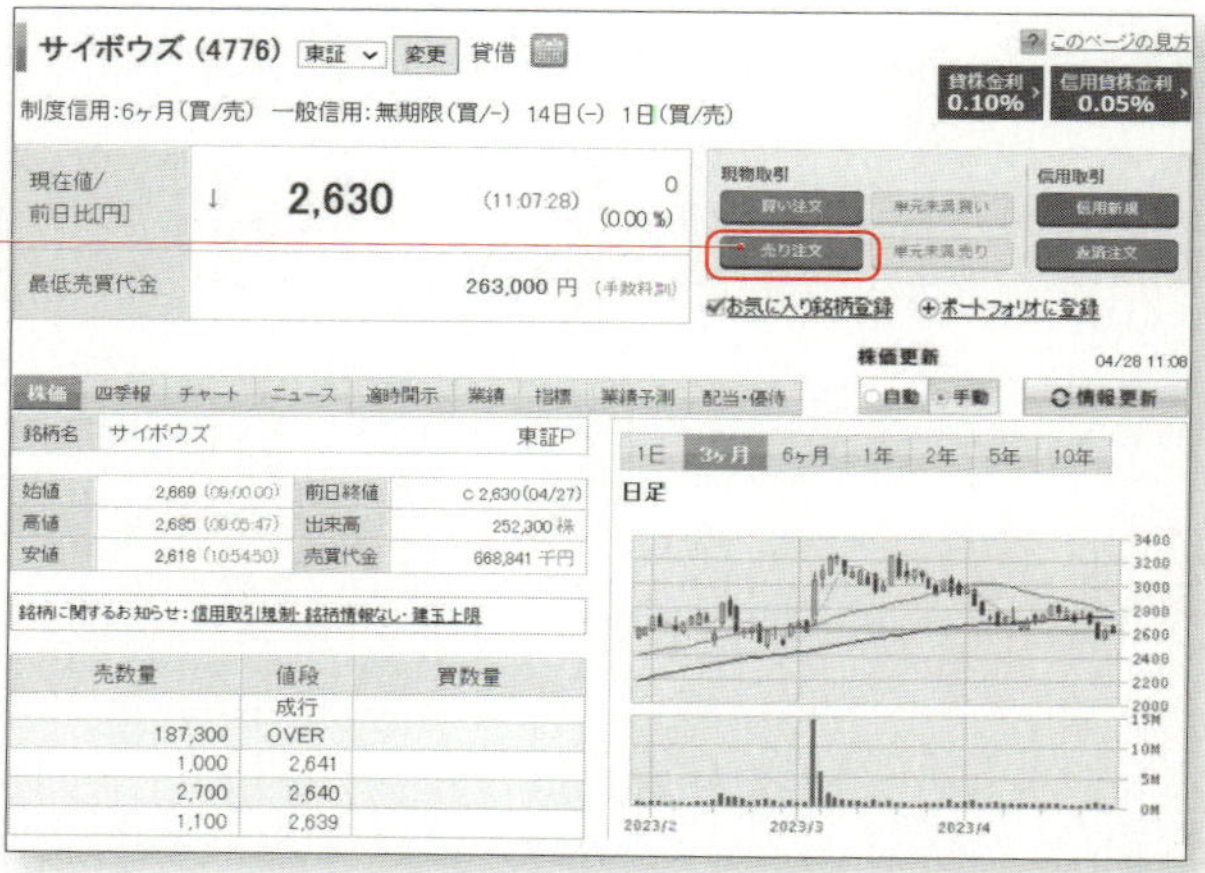

サイボウズ（4776）の
銘柄画面で
「売り注文」を
クリック

7 売り注文画面①

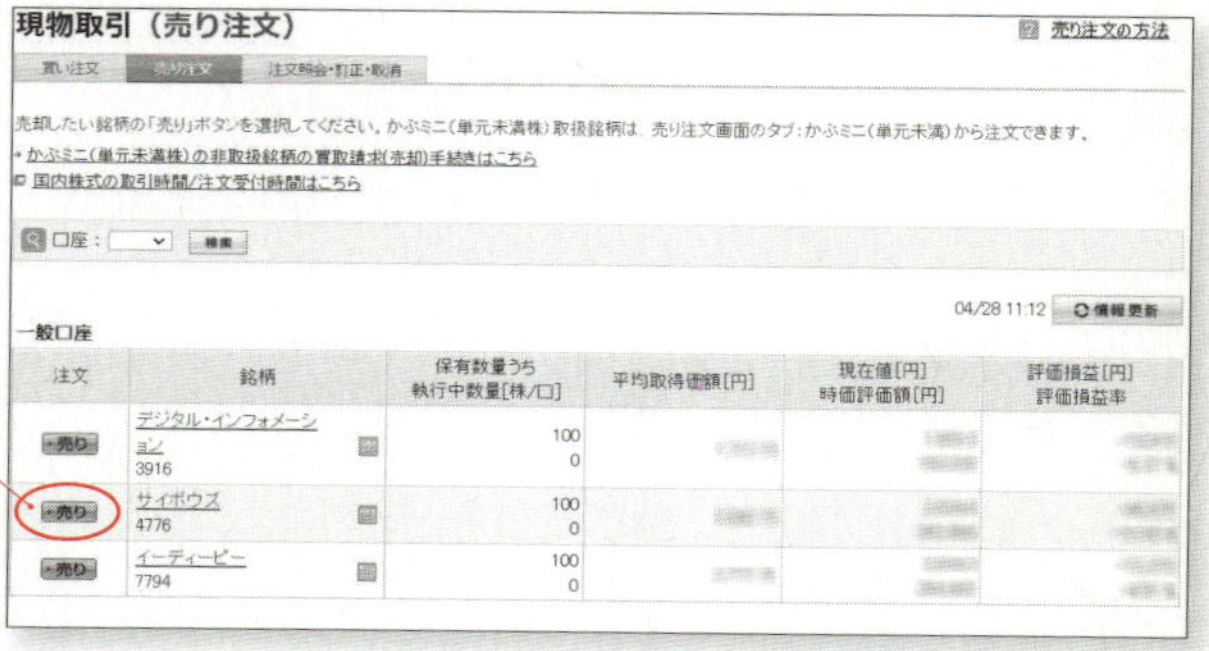

保有銘柄の一覧が
出てくるので、
売りたい銘柄
（サイボウズ）の欄の
「売り」をクリック

8 売り注文画面②

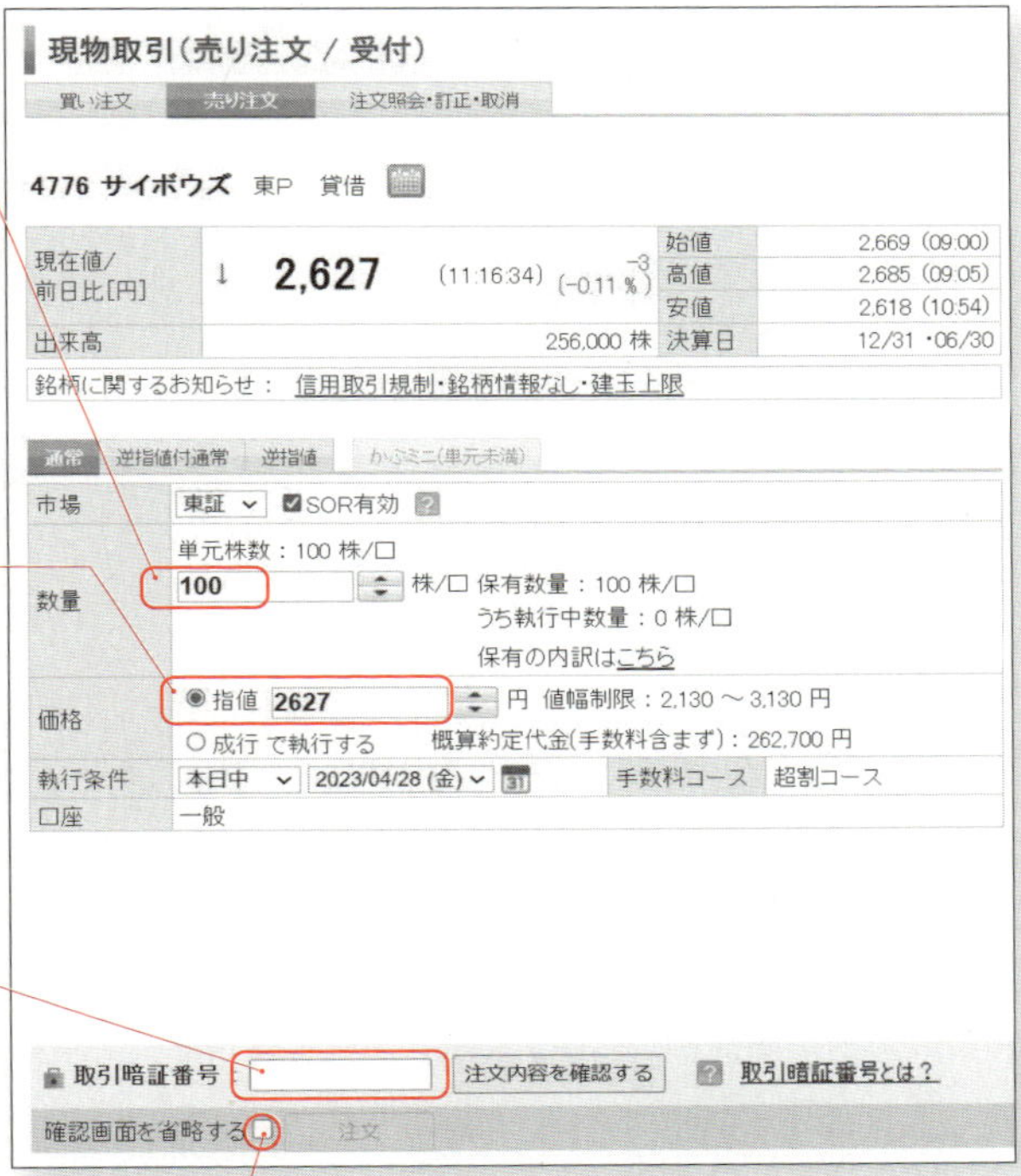

売却する株数を入力
（通常は100株単位）

売却する金額
（株価）を入力
（現在2627円なので、
この金額で売るか、
もう少し上がって
2800円くらいに
なったら売るなど）

暗証番号を入力
（口座開設時に
設定した暗証番号）

確認画面を省略
（すぐに売却したい
場合などは、
ここをチェックすれば、
入力確認画面を
省略できる）

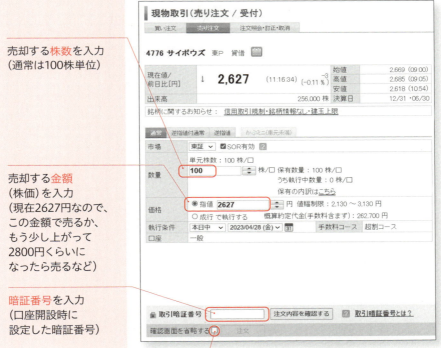

Question 06

どういう金融商品を選んだらいいかわからないんですが？

◆知っておきたい「元本割れ」の危険性

投資を始めるときにまず覚えておかなければいけないのは、「投資は儲けることもできるが損をすることもある」ということです。

せっかく将来のためにお金を増やそうと思って投資を始めたのに、元本割れして、投資する前よりもお金が減ってしまったのでは、元も子もありません。

投資で損をする危険性のことを文字通り「リスク」といいます。このリスクは経験を積んでいくうちに回避する方法を学んでいけます。しかし、最初のうちは、このリスクを理解しないまま株式や投資信託に投資して、損をしてしまうケースがよく見られます。

そのため、最初の商品選びのポイントは、なるべくリスクを抑え、かつできるだけ利益をたくさん得られる（＝お金を増やせる）商品に投資することです。

投資には「元本割れ」の危険性も

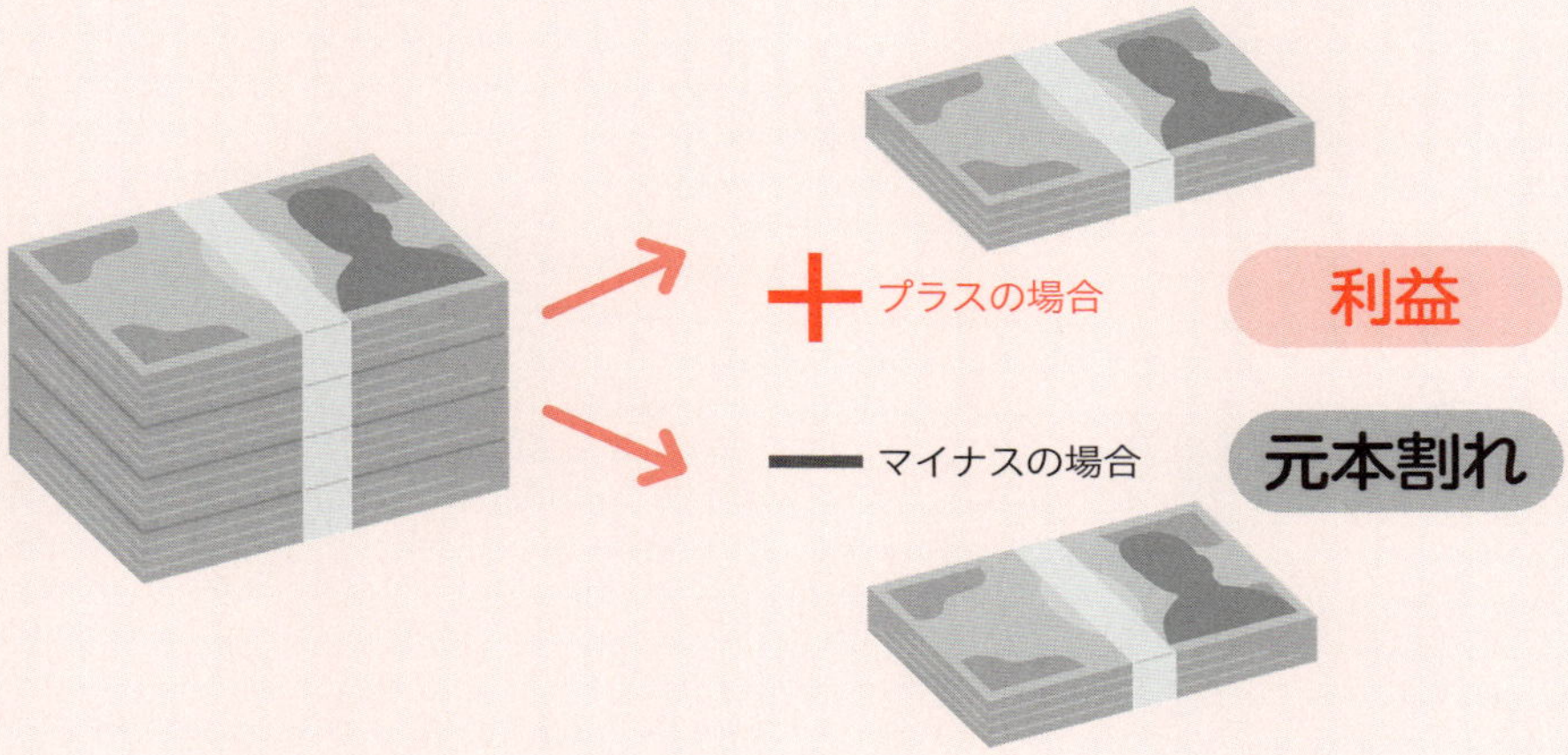

47ページの図は大まかな分け方ですが、商品ごとのリスクの高さを示しています。一般的にリスクの高い商品のほうがリターンも高くなります。リスクとリターンの関係は対等です。ローリスクハイリターンなんて都合のいい商品があったらそれはきっと詐欺でしょう！　逆に一攫《いっかく》千金を狙う投資家は、多少リスクを取っても大きく儲けることのできる商品を売り買いします。

流動性の高い銀行預金

さて、リスクを抑えるといっても、すでにお話ししたように、銀行預金などではお金を大きく増やすことはできません。しかし、持っているお金をすべて投資に回してしまったら、必要なお金も失ってしまう危険性があります。そこで銀行預金などは、生活のために最低限持っていなければいけないお金を預けておくようにするといいでしょう。

銀行預金のメリットは「換金性の良さ」と「安全性」です。家賃や光熱費、食費などの生活に必要なお金は、銀行預金で用意しておけば、すぐに支払いもできますし、口座から自動引き落としもできるので便利です。株式や投資信託などは、一度売ってから現金にしなければならないので、日常的に必要な資金としては向いていません。また、年を取ってからリスクの高い商品を買って損をしたら大変ですから、年齢に合わせて徐々にリスクの低い銀行預金や債券の比率を増やし、資産を「増やす」ことから「守る」ことに移行していくのがいいでしょう。

◆投資は「余裕資金」で行うのが原則

投資の基本は、そのお金がなくなっても生活に困らない「余裕資金」で行うことです。余裕資金がたくさんある人は、多少リスクを取ってお金を大きく増やすことを目指してもいいかもしれません。

初心者の方は、リスクの少ない商品をまず少額で買って練習を積むのがいいでしょう。そして、余裕資金が多くなってきたら、リスクを取りながらリターンの大きい商品を狙っ

最初はリスクを抑えた投資から

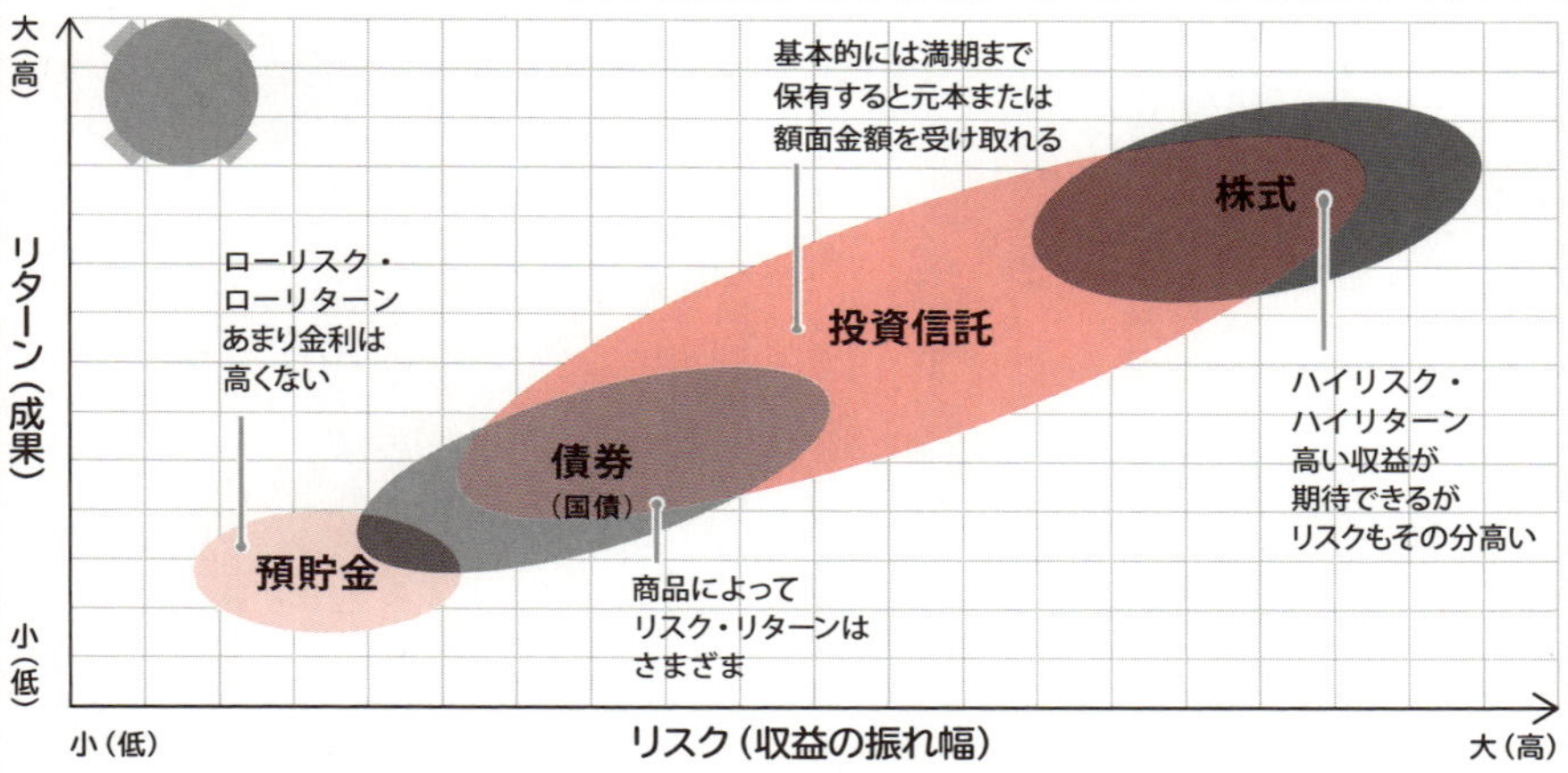

てもいいと思います。

ですから、ＦＸや暗号通貨のようなハイリスクの商品には、素人は決して手を出すべきではないと思いますが、宝くじが当たったとか、予期せぬ臨時収入が入ったなど、予定していなかった余裕資金ができたときなどは、そういう商品に手を出してもいいと思います（その場合も、ある程度勉強してから投資すべきだと思いますが）。

さて、このようにさまざまな商品がある中で、これから投資を始める人におすすめなのは「投資信託」です。

投資信託はファンドともいいますが、詳しい説明は、このあとたっぷり行っていきます。

Question 07

投信、株、債券etc……最初に買うのは何がいい？

◆まずは投資信託を買ってみましょう

投資初心者の方が最初に何を買ったらいいか、と聞かれた場合、まずおすすめしたいのが投資信託です。それは、先に説明した「リスク」の分散ということとも関連します。

投資のリスクを減らす方法の1つに「分散投資」があります。株式投資の格言に「卵は一つのかごに盛るな」という格言がありますが（※）、これがまさに分散投資のことです。

分散投資には、①「資産・銘柄の分散（投資信託、株式、債券、不動産、金などの商品、為替など、さまざまなものに資産を振り分けることで1つがダメになっても取り返しがつくようにする）」、②「地域の分散（国を分けることでカントリーリスクを軽減させる）」、③「投資する時間（時期）をずらす時間（時期）分散」という考え方があります。

さまざまな投資商品に分散して投資する投資信託は、商品そのものの中で①と②の分散

（※）125ページの図参照

投資信託そのものが分散投資

分散投資の例

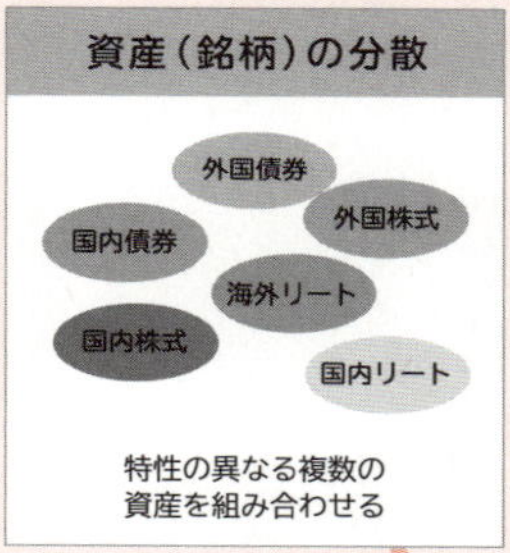

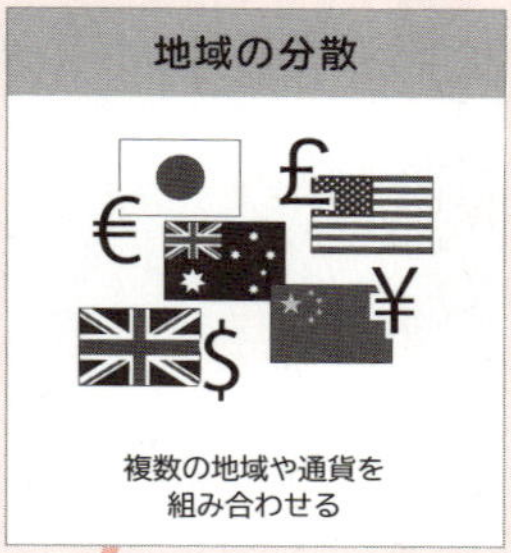

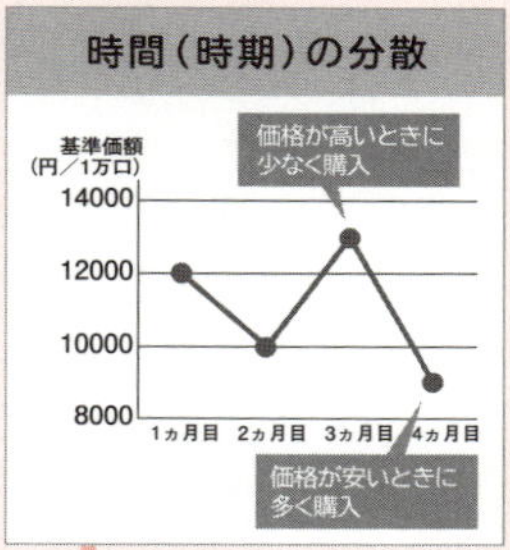

1つの投資信託の中で資産、地域が分散されている

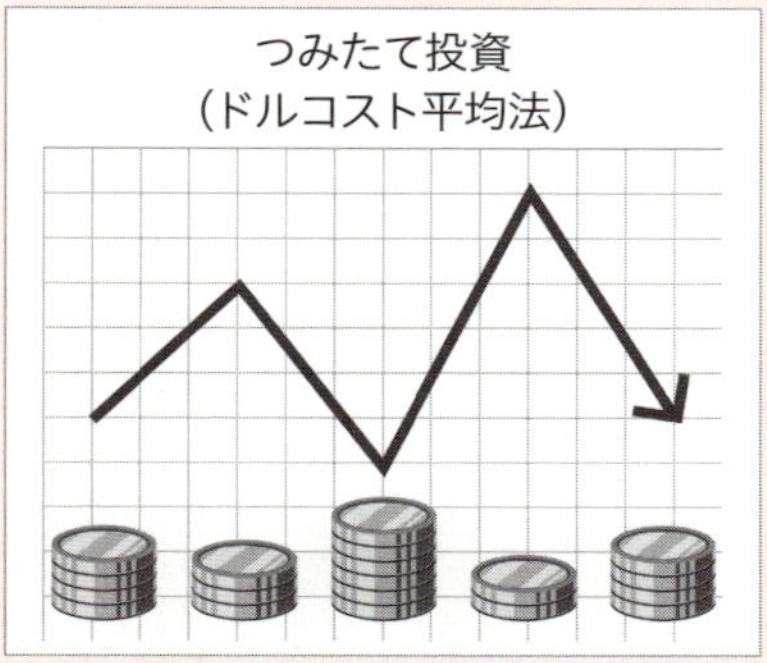

つみたて投資で時間の分散を可能にする投資法

金融庁の資料を基に編集部で作成

投資が行われています。

投資信託の中には、投資信託の運用者（ファンドマネジャー）が、さまざまな資産や地域を対象にまんべんなく、バランスよく投資を行う「バランス型」のものもあります。投資信託は、ファンドマネジャーにお金を預けて、その運用を任せるしくみですが、投資信託にも株式同様、銘柄選びが必要になります。しかし「バランス型」の投資信託などを購入すると、自分で銘柄選びをしなくても、購入した投資信託のファンドマネジャーが「資産・銘柄」や「地域」を分散させてくれます。

◆時間的リスクを抑えるドルコスト平均法

③の「時間の分散」に関しては、つみたて投資で「ドルコスト平均法」を使うことで、そのリスクが軽減されます。ドルコスト平均法のイメージは、左ページの図のように、毎月同じ金額で長い期間をかけて、投資信託などの金融商品を購入する方法です。常に同じ金額の口数だけを購入するため、値段が高いときには少なく、安いときにはたくさん投資信託を買うことができます。もしこれを一度に購入した場合、購入したときの金額より投資信託が値下がりしたときに損をしてしまいます。ドルコスト平均法は、投資する金額を時間で分散することで、損失のリスクを減らす効果があるのです。

ドルコスト平均法の例

毎月1万円ずつ1年間、投資信託を買い増していく場合。
購入する投資信託は、以下のグラフのような値動きをしたものとする。

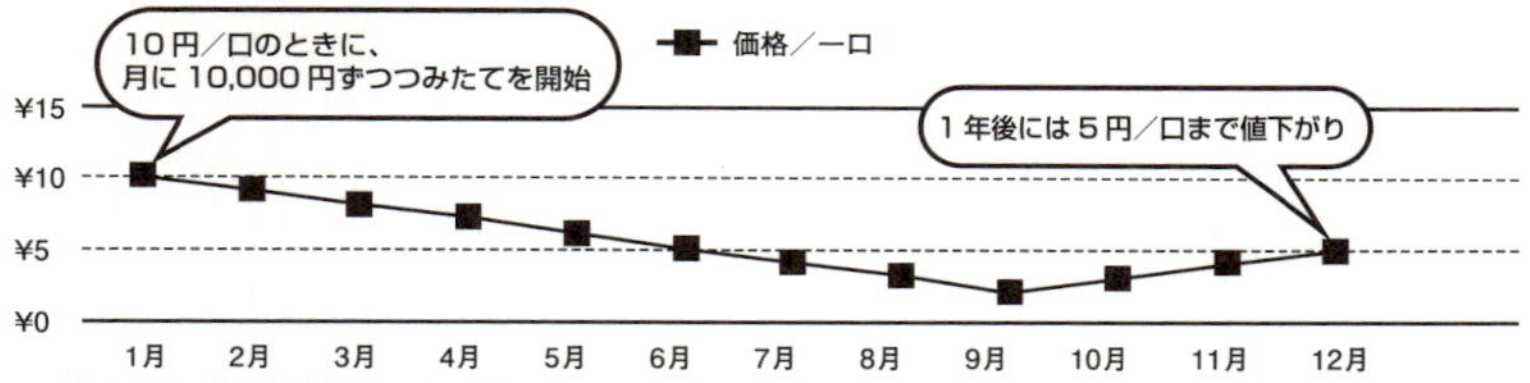

	1月	2月	3月	4月	5月	6月	7月	8月	9月	10月	11月	12月	合計
購買価格	¥10,000	¥10,000	¥10,000	¥10,000	¥10,000	¥10,000	¥10,000	¥10,000	¥10,000	¥10,000	¥10,000	¥10,000	¥120,000
価格/1口	¥10	¥9	¥8	¥7	¥6	¥5	¥4	¥3	¥2	¥3	¥4	¥5	
購入個数	1,000口	1,111口	1,250口	1,429口	1,667口	2,000口	2,500口	3,333口	5,000口	3,333口	2,500口	2,000口	27,123口

最初に投資信託を購入した1月時点の単価が1口10円だった場合、１万円で1000口購入できる。一方、最も値が下がって1口2円になった9月時点では、同じ1万円で5000口購入できることになる。1年間経った時点での投資総額は、1万円／月×12カ月なので、12万円、購入した投資信託の総口数は2万7123口になっている。

●12月末時点の投資信託の価額：5円／口×2万7123口（総投資口数）＝13万5615円
●12月末時点の投資総額：1万円／月×12カ月＝12万円

●13万5615円－12万円＝1万5615円の利益

もし1月に10円の投資信託を12万円でまとめて買っていたら、購入できる投資信託は1万2000口。そして1年後の12月時点では半分の５円に値下がりしているので、投資したお金が半分に減ってしまう。また、毎月「同じ金額」で購入することもドルコスト平均法の特徴。もし「同じ金額」でなく「同じ口数」で購入してしまうと、値段が高いときも安いときも買える口数は変わらないので、１年間で買った口数は少ないのに、トータルの購入価格が高くついてしまう、ということもある。だから最初に期間と金額だけ決めて、後は変更しないこと。

ドルコスト平均法のポイント！

①期間を設定、②金額を設定、③自分の意思は入れない！

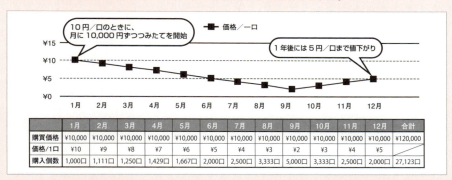

Question 08

NISA（ニーサ）、iDeCo（イデコ）って何ですか？

◆国の非課税制度はぜひ利用すべし！

日本人が保有する個人資産は２０００兆円近くに達していますが、その約半分は現金・預金の形で保有されています。しかし、日本人の資産が貯蓄から投資に回らないと株価も上がりませんし、景気もよくなりません。そこで国は「貯蓄から投資へ」をスローガンに、さまざまな人参《ニンジン》をぶら下げて個人の資産を投資に向かわせようとしています。その目玉政策になっているのが「少額投資非課税制度」のＮＩＳＡです。

日本では投資をして儲けた利益に対して所得税と住民税、さらに２０３７年末までは復興特別所得税も課税され、その税率は20・３１５％となっています。つまり株の値上がり益や配当で10万円儲けたとしても、２万３１５円は税金として徴収されてしまい、手元に残るのは８万円弱になります。これって結構痛手ですよね！

NISAとは、税金で得する国の制度

投資の２つの利益にかかる約20%の税金がタダになる

❶ 値上がり益

❷ 分配金＆配当金

↓

この２つの利益にかかる税金が非課税！

〈 具体的にはこんなイメージでお得 〉

❶	❷
10万円の投資信託を買って12万円のときに売ると	投資信託を買って1万円の分配金が出た！
▼	▼
値上がり益は2万円	
▼	▼
税率は20.315%	税率は20.315%
▼	▼
本当なら4063円も税金を取られる	本当なら2031円も税金を取られる

〈 これがNISA＆つみたてNISAなら 〉

税金は0円!

この投資の利益にかかる税金が年間一定の投資額まで全くの非課税になるのがＮＩＳＡ、そして、つみたてＮＩＳＡという制度です。約20％の税金が非課税となるのですから、この制度を利用しない手はありません。しかも２０２４年からはこのＮＩＳＡ制度が新しくなり、非課税期間が延長され、投資できる金額も大幅に増額されます。この本を読んで、つみたて投資で資産形成したいと思った人はすぐにでもＮＩＳＡ口座を開設しましょう。

◆iDeCoは「自分年金」

「貯蓄から投資へ」という国策に国が本気モードなのは明らかです。２０１７年にはｉＤｅＣｏの愛称で知られる「個人型確定拠出年金制度」も拡充され、今では原則20歳以上65歳未満の人なら誰でもほぼ加入できるようになりました。

ＮＩＳＡは金融庁がつくった投資制度で、ｉＤｅＣｏは厚生労働省が主導する年金制度です。ともに月々お金をつみたてて投資信託などで運用し、その収益には一切税金がかからないという点では変わりがありませんが、ｉＤｅＣｏの場合、掛金が全額所得控除されるので、課税所得が減り、当年分の所得税と翌年分の住民税が軽減されるというメリットもあります。ｉＤｅＣｏは自分自身で独力でつみたてた掛金と、そこから得られる運用益を将来年金として受け取るという自分年金といってもいいでしょう。

Chapter 3

投資信託って何ですか？

Question 09

投資信託って何ですか？

◆大切な資金の運用をプロに任せる

投資信託は、略して「投信」、あるいは「ファンド」ともいいます。たくさんの投資家から集めたお金を、運用のプロであるファンドマネジャーが株や債券などに投資して、利益を上げることを目的にした金融商品です。

運用の結果得られた利益は、投資した金額の割合に応じて、投資家に支払われます。

私たち1人1人のお財布に入っているお金の額は、そう大したことはありません。でも多くの投資家のお金をかき集めれば、そのお金は100億円、1000億円、ときには1兆円にもなります。

そうなると、1人1人の投資家では買えなかった高額の金融商品や、海外の商品なので買うことが難しかった投資対象でも、取引に参加できるようになります。また、個人の小

投資信託のしくみ

投資家から集めたお金をファンドマネジャーが運用

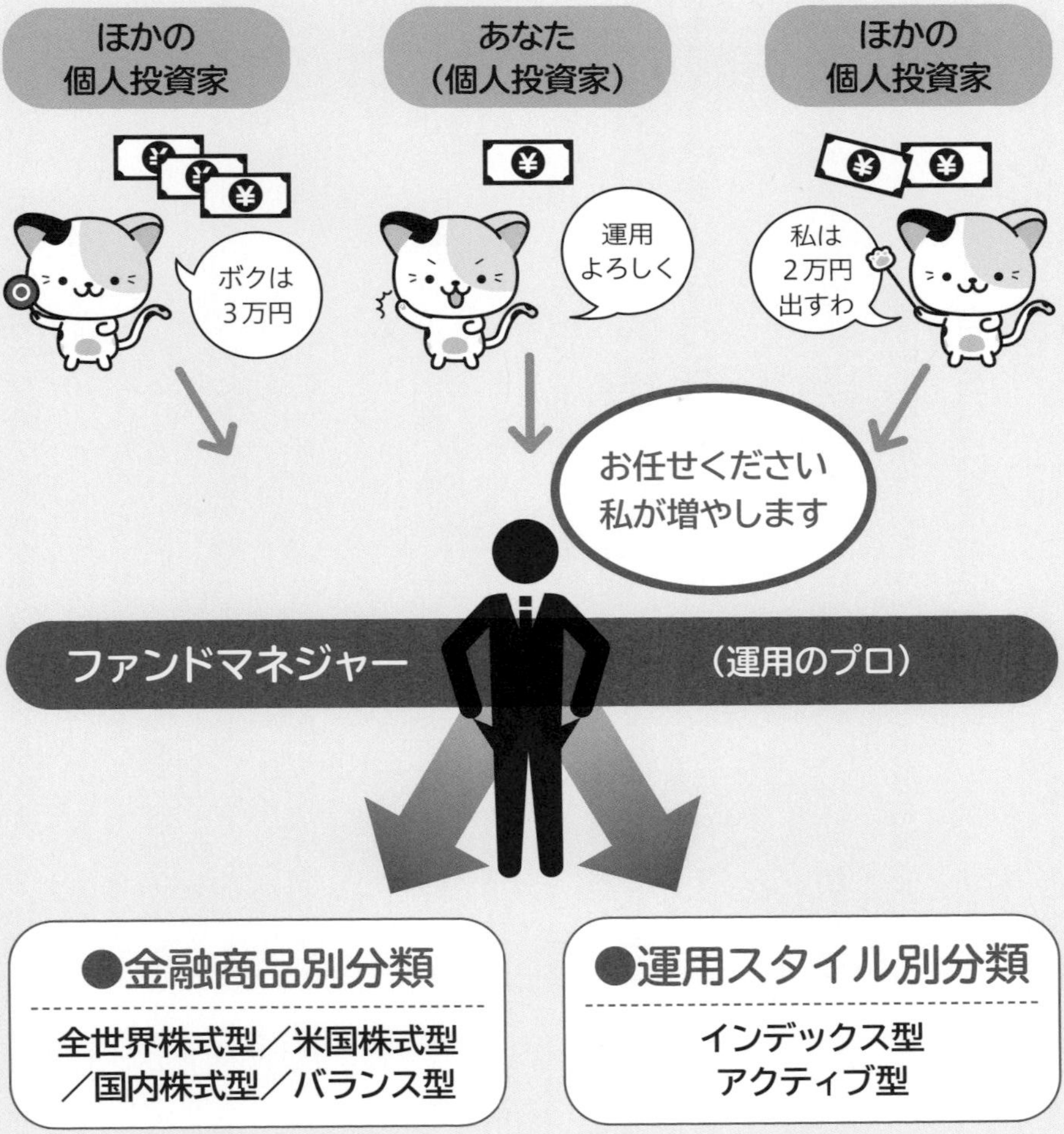

さい資金では限界のある「分散投資」を最大限生かすことができます。これが投資信託の大きなメリットです。

株や債券を個人で買うには、数十万～100万円レベルの高額な資金が必要になります。その点、投資信託なら、1万円前後の投資資金で購入できます。また、あとで詳しく説明しますが、100円程度の少額からつみたてて買うことのできる投信もあります。

投資したお金の運用は、国内株や外国株、債券・不動産、金や為替などそれぞれの分野に精通したプロの専門家に任せます。そのため、投資家が自らの判断で売買する手間も省けますし、投資の専門知識も基本的には必要ありません。

極端にいえば、運用はプロに完全にお任せ。100％ほったらかしでも、優秀な運用成績の投資信託を買えば、あなた自身は何の努力もしていないのに大儲けすることも夢ではないのです。

その「優秀な運用成績の投資信託」をどうやって見つけるか、という方法については、このあと解説していきますが、基本的には証券会社や銀行など投信を販売している金融機関のWebサイトなどに商品の概略や運用成績は載っています。

また、もっと詳しい商品の内容を知りたい人は「目論見書《もくろみ》（投資信託説明書）」を見れば、投資信託の募集要項や費用、運用の内容などの詳細を知ることもできます。

目論見書は、投資家に必ず交付しなければならない「交付目論見書」と、投資家の請求に基づき交付する「請求目論見書」に分冊化されています。

◆投信はビギナー投資家の頼れる味方

投資というのは、少額資金より、まとまった規模の資金を集めたほうが、運用の効率も上がり、儲かりやすくなるものです。

投資信託は巨額の資金を運用するため、1つの金融商品に一点集中投資することもありません。

そのため、リスクも分散されますし、さまざまな投資対象に分散投資するのが基本方針なので、安定した運用成績が期待できます。

また、5000本以上という膨大な数の商品がありますので、リスクを抑えた安定運用や、余裕資金で多少リスクを取ってもハイリターンが期待できる商品など、好みに応じた商品を選ぶこともできます。

1万円程度の少額資金しかないビギナー投資家の頼れる強い味方——それが投資信託なのです。

Question 10

投資信託を買うとどんなふうにお金が増えるの？

◆基準価額が購入価額より上がれば儲かる

投資信託の価額は「基準価額」と呼ばれます。投資信託で儲けるためには、この基準価額が、買ったときより値上がりしている必要があります。逆に基準価額が買ったときより値下がりしてしまうと損します。

たとえば左ページの図のように、基準価額が1万円の投資信託を1口買ったあと、基準価額が1万2000円に値上がりしたときに売れば、2000円儲かったということになります。

また、投資信託の中には、投資した収益から分配金を投資家に還元するものもあります。分配金が支払われる周期は、1年に1回とか、毎月1回など、さまざまです。たとえば1口1万円の投資信託が1口につき毎月100円の分配金を払った場合、1年（12カ月）で

投資信託の「値上がり益」のイメージ

〈基準価額＝1万円の投信を買った場合〉

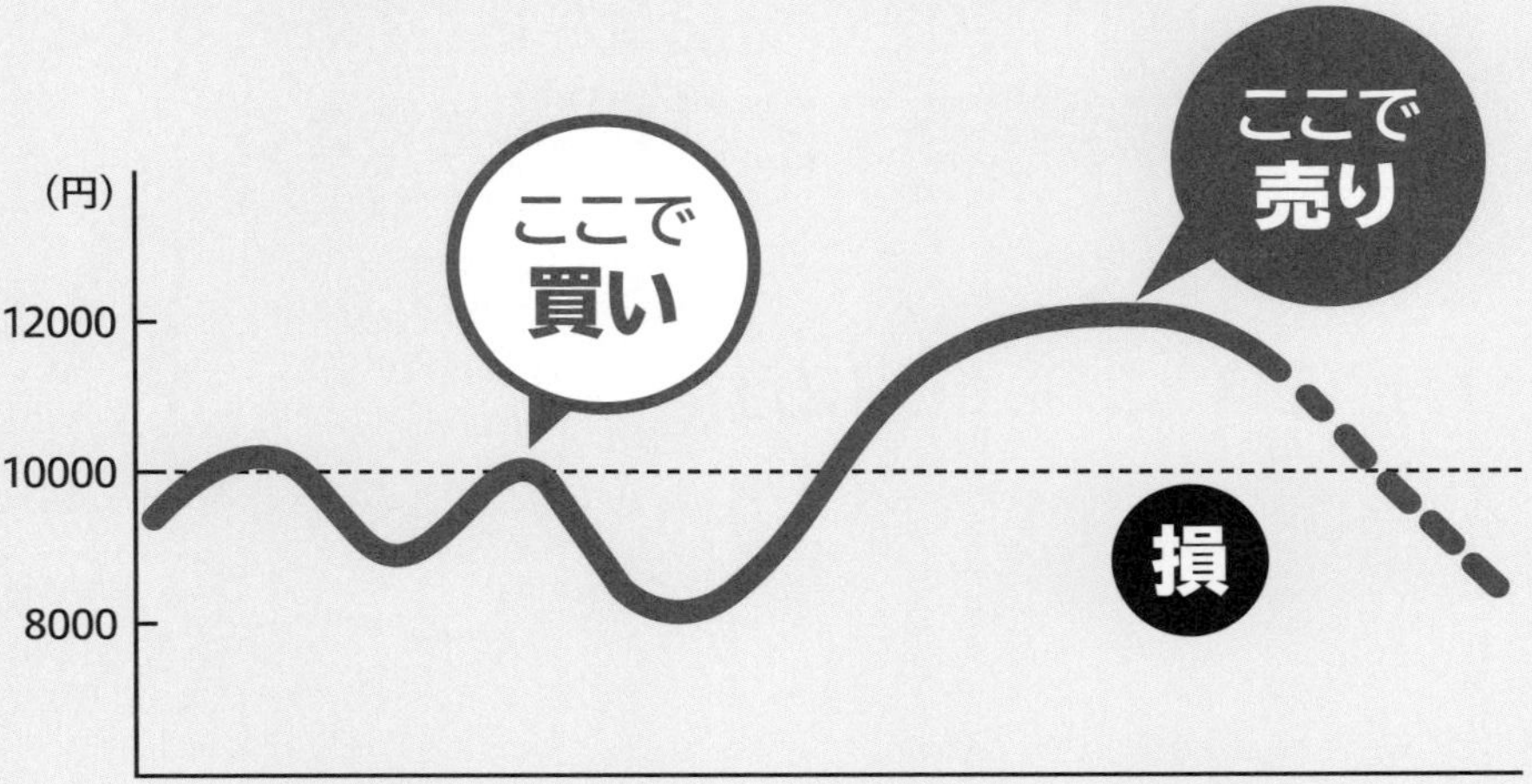

〈基準価額1万2000円で売ったら〉

2000円分儲かる！

ただし、基準価額が
1万円より下がると
損をするので注意

投資信託の「分配金」のイメージ

たとえば、1カ月に1回、分配がある投信で
1口につき毎月100円の分配金が払われたとすると
1年間で1200円もらえる

1月　2月　3月……12月

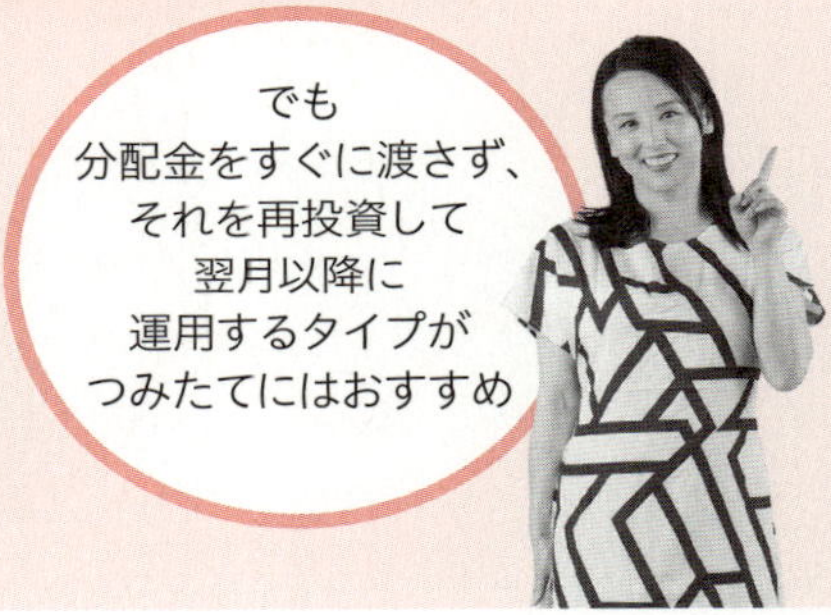
でも
分配金をすぐに渡さず、
それを再投資して
翌月以降に
運用するタイプが
つみたてにはおすすめ

もらえる分配金の総額は１２００円になります。

しかし、投資信託の本来の目的は、当面使う予定のない余裕資金をプロに運用してもらい、「お金にお金を稼いでもらう」というものです。せっかく稼ぎに出してもお金を毎月呼び戻していては、運用の効率がガタ落ちしてしまいます。

つまり、安易に分配金をもらってしまうと、お金自身が雪だるま式にお金を生み出してくれる魔法のシステム「複利効果」を最大限発揮させることもできません。つまり分配型の投資信託は「単利運用」なので、つみたて投資では、分配金が支払われない複利運用の投資信託（これを「再投資型」といいます）を選ぶべ

投資の4大リスク

1	価額変動リスク	投資対象の株や債券が値下がりして基準価額がどんどん下がるリスク
2	金利変動リスク	金利上昇で債券に投資する投資信託が値下がりすることもある
3	為替変動リスク	海外の金融商品で運用する投資信託は円高になると損失が拡大
4	デフォルトリスク	デフォルト（債務不履行）で貸したお金が返済されず、債券が紙くず同然に

ただし
この4つのリスクは
利益につながる
要因にもなります

きでしょう。

◆投信で損する4つの理由

投資信託は、銀行預金のように元本が保証された金融商品ではありませんので、損してしまうこともあります。

投信で損を生み出すリスクは主に上図の4つで、一番大きいのは「価額変動リスク」です。投信の基準価額が上がっている分には万々歳ですが、投資信託を構成する株や債券が値下がりして基準価額がどんどん下がるリスクがあります。

投資信託も金融商品である以上、儲かるだけでなく、損をするリスクがあるということは十分理解しておきましょう。

Question 11

投資信託はいくらから始められるの？

◆投資信託への投資は100円から始められる

投資信託は100円から購入できます。扱っているのは、主にネット証券各社です。2023年5月現在、投資信託の100円つみたてサービスを行っている主なネット証券は、SBI証券、楽天証券、松井証券、マネックス証券、岡三オンライン証券、GMOクリック証券などです。

100円からつみたてて投資ができる販売手数料無料の「ノーロード投信」のラインナップも豊富です。長期間のつみたてを行う場合、手数料が積み重なるとばかにならない金額になるので、「ノーロード投信」は今やつみたて投資の常識ともいえます。SBI証券なら豊富なファンドからの販売手数料無料の投信を選んで100円から購入できます。さらにマネックス証券の「ゼロ投信つみたて」や、岡三オンライン証券の「ゼロファンドプ

100円つみたてができるネット証券6社

会社名	サービス名	購入最低金額	取り扱いファンド数（本）
SBI 証券	投信積立	100円	2638
楽天証券	投信積立	100円	2630
松井証券	投信積立	100円	1695
マネックス証券	投信つみたて	100円	1349
岡三オンライン証券	投信積立	100円	651
GMO クリック証券	投信積立	100円	123

2023年5月26日時点、編集部調べ

ログラム」のように、購入時に手数料のかかる投信の販売手数料をキャッシュバックしてくれるところもあります。

松井証券の100円つみたては、投信工房といい、8つの簡単な質問に答えるだけで、ロバアドバイザーというＡＩ（人工知能）が投資家それぞれの状況に応じて投資信託のポートフォリオを自作・自動で作成してくれます。

つみたて額の変更はどの証券会社でも自由にできます。つみたて資金は証券口座からの引き落としのほか、銀行からの自動引き落としも無料の場合がほとんどです。ただし、1000円以上からの引き落としが無料となっているケースが大半です。

◆銀行のつみたて投資は1000円から

銀行では株式は買えませんが、投資信託のつみたて投資はできます。

たとえば三井住友銀行、みずほ銀行、三菱UFJ銀行のメガバンク3行の場合、インターネット経由なら月々1000円からの投信つみたてが可能です。

メガバンク以外にもイオン銀行やソニー銀行などが、やはり月々1000円からのつみたてサービスを提供しています。

銀行経由で投信つみたてを行う利点は、別の金融機関から資金を振り込む手間をかけず普通預金口座にあるお金の自動振替だけで投資信託を購入できることです。

メガバンク3行で月々1000円からの少額つみたてをするには、インターネットバンキングサービスを利用する必要があります。窓口で申し込む場合は、毎月1万円からのつみたてになるケースがほとんどです。

投資信託のラインナップは、三菱UFJ銀行の場合、傘下の三菱UFJ国際投信のファンドが多く、その総数は591本です。

みずほ銀行では、傘下のアセットマネジメントOneや、提携する外資系のブラックロックなどが運用する247本がラインナップされています。三井住友銀行は傘下の三井住

銀行の投信は1000円から買える

会社名	サービス名	購入最低金額	取り扱いファンド数（本）
イオン銀行	投信自動積立	1000円	327
三井住友銀行	投信自動積立	1000円	194
みずほ銀行	みずほ積立投信	1000円	247
三菱UFJ銀行	投信つみたて	1000円	591
ソニー銀行	投資信託積み立てプラン	1000円	242

2023年5月26日時点、編集部調べ

友アセットマネジメント系が多く、総数は194本です。

つみたて投資できる投資信託の数はネット証券に比べると少なく、ノーロード型の選択肢も限られているのが実情です。

品揃えの豊富さや販売手数料、信託報酬（投資信託の管理・運用費用）の安さという点では、やっぱりネット証券のほうが充実していますね。ただ、銀行は給与振り込みや公共料金の支払いなどを投資初心者でも頻繁に利用する、日常生活に不可欠な存在です。証券会社に口座を開設する手間や面倒を考えると、いつも利用している銀行でのつみたてのほうが安心という人は、銀行で投信つみたてを始めるのもいいでしょう。

Question 12

投資信託にはどのくらいの種類があるの？

◆誰でも買える投資信託は5000本以上！

一般社団法人投資信託協会の統計によると、投資信託は2023年3月末現在で1万4301本もあり、そのうち誰でも買える公募投信は5899本もあります。

公募投信は、投資対象の中に1株でも株式が含まれていたら「株式投信」になります。株式を一切含まず、国債や社債など債券だけで運用していれば「公社債投信」に分類されます。また、投資家がいつでも好きなときに購入できる「追加型」、ある決められた設定期間の間だけ購入できる「単位型」という区別もあります。

公募投信5899本中、最も多いのは株式投信の5808本で、そのうちいつでも買える追加型投資信託が5715本と圧倒的多数を占めています。

投資信託を選ぶときの基準として重要なのは、運用スタイルです。ファンドマネジャー

投資信託を分類すると……

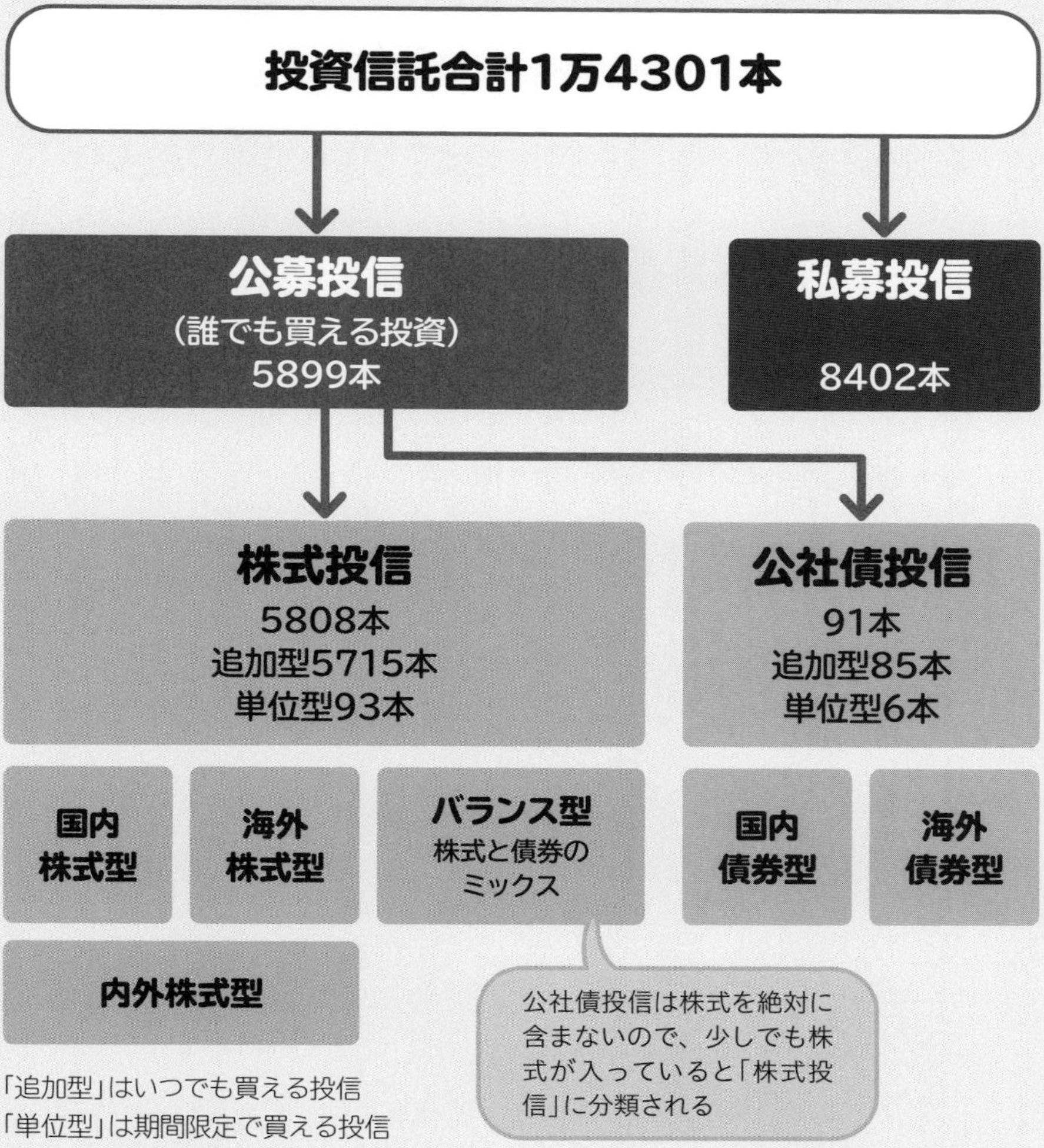

「追加型」はいつでも買える投信
「単位型」は期間限定で買える投信

※投資信託協会「2023年3月　投資信託概況」を基に作成

が独自の観点から自由に投資対象や投資手法を選ぶスタイルは「アクティブ型」、逆に市場全体の動向がわかるように作られた指数に連動するような運用は「パッシブ型（消極的という意味）」や「インデックス型」と呼ばれます。

◆購入の決め手は投資対象

実際にどの投資信託を購入するかの決め手になるのは、どんな投資対象に投資しているかということです。

ざっくりいうと、投資対象は「国内株式」「海外株式」「国内外の株式」「国内債券」「海外債券」「バランス型」の6つのカテゴリーに分けることができます。

「国内株式」は日本の証券取引所に上場した日本株に投資する投信です。つみたて投資では、日経平均株価、東証株価指数（ＴＯＰＩＸ）といった株式指数に連動した運用を目指すインデックス型が、定番中の定番です。

国内株だけで運用するファンドもあれば、Apple や Google、Amazon といった世界に君臨する海外の企業の株に投資する海外株ファンドもあります。

債券に投資するファンドも、国内か海外かでカテゴリー分けされています。国内債券型の主な投資対象は日本国債で、株式を含まない場合は公社債ファンドに分類されます。国内の債券は日銀が打ち出した超低金利政策の影響もあり、投資対象としてはあまり魅力がないのも事実です。

債券型で人気があるのは、やはり為替リスクもありつつ値上がりを期待できる海外の債券で、「ソブリン債（世界各国の国債を運用対象にした投信）」「ハイイールド債（格付けが低く信用度は低いものの、その分利回りが高い債券で運用される投信）」なども、意外に買われています。

国内や海外の不動産を投資対象にしたＲＥＩＴ（不動産投信）は高利回りなので、これまた人気の高いジャンルです。

株、債券、不動産商品など、さまざまな金融商品に分散投資する「バランス型」も多くの商品があります。文字通り「バランス」が取れているだけあって、長期運用が大前提のつみたて投信では王道のターゲットといえるかもしれません。

これから投資を始める方は、１つのジャンルに集中投資するのではなく、さまざまなカテゴリーの投信に分散投資してリスクを減らしつつ、リターンを最大限伸ばす努力をしましょう。

その際、アクティブ型よりもインデックス型を中心に組み合わせれば、コストを抑えることも可能です。

Question 13

投資信託を選ぶポイントは？

◆純資産総額や手数料に注目！

投資信託を選ぶときは、まずその投資信託に投資家の資金がどれだけ集まっているかを示した「純資産総額」をチェックしましょう。

純資産総額の少ない理由の1つは、まず投資家からお金を集めることができていない＝人気がないということです。また、運用成績が悪化すると、当然ながら純資産総額も減少します。純資産総額が少ない投資信託の中には、運用に失敗し続けた「ダメ投信」も多いので、注意が必要です。

純資産の額がこれ以上なら安心という明確な基準はありませんが、最低でも「30億円以上」あるほうが安心と、投資の世界ではいわれています。純資産が1億円や2億円など少なすぎる投資信託は、さまざまな問題が考えられますので、敬遠したほうがいいでしょう。

投資信託を選ぶポイント

純資産総額30億円以上が1つの目安

●投資信託は人気商売。純資産総額が低い投信は人気がない証拠
●運用成績が悪化すると純資産総額が減少するので要注意
●投資信託は数百億円、債券投信は数千億円の規模が「◎」

手数料は、安いほどいい

●つみたて投資を行うなら、
販売手数料がかからない「ノーロード型」がおすすめ！
●運用中に取られる信託報酬に注意

運用年数3年以上なら安心できる

●長く続けられるには、それなりの理由がある。
運用期間の長い「老舗ファンド」はおすすめ
●基準価額のチャートを見て、リーマン・ショックや
コロナ・ショックなどの危機を乗り越え、
上昇トレンドを描いている投資信託なら安心

次に、長期投資が大前提のつみたて投資の場合、毎月金融商品を買うときのコストが高いと、トータルで非常に高額な販売手数料を支払うことになってしまいます。そこで、投資で投資信託を購入するときは、販売手数料が安いこと、できれば無料であることが重要です。具体的には、販売手数料が全くかからない「ノーロード型」をおすすめします。

また、投資信託を購入して長期保有するとき、もう1つバカにできないコストが「信託報酬」です。これにはプロのファンドマネジャーに運用をお任せする対価として、投資信託の運用会社に支払う報酬のことです。

運用成績がとても良ければ、多少報酬を弾んであげてもいいかなと思えるかもしれません。でも、投信のファンドマネジャーが必ずしも抜群の成績を残しているとは限らず、目減りしていても取られるのが信託報酬です。そんなくやしいことはないですよね。株価指数や債券インデックスに連動した運用を目指す投資信託の中には、信託報酬が0・1～0・2％程度と格安な投信も多数ありますので、そういう中から選びたいものです。

◆運用年数3年以上なら安心

つみたて投資は、（場合によっては老後を迎えるまで）長期間投資し続けることが大前提です。そういう意味で注目したいのが投資信託の「運用期間」です。

投資信託には、「設定日」もしくは「設立年月日」があり、これはネット証券の商品紹介ページや投信の「目論見書」で確認することができます。設定日とは、その投資信託が運用を開始した「誕生日」のことですが、少なくとも設定日から3年以上経過していれば、運用成績や純資産残高の推移なども、つぶさに検証できるので安心です。

投信の中には、リーマン・ショックなどの経済ショックやテロ、天災といった激動の時期をくぐり抜け、10年、20年以上も安定した成績を残し続けている実力と経験を兼ね備えた「老舗ファンド」があります。同じ成績を上げている投資信託なら、やはりそのように運用期間が長く、幾多の危機も乗り越えてきた老舗を選んだほうがいいでしょう。

一方で、世の中には「流行」もあります。最近ではＡＩ（人工知能）やメタバース、ChatGPTなど、未来をバラ色に変える新技術が出てきていますが、それらに関連した株式ファンドも続々と新発売されています。この手のファンドは手数料も信託報酬も高めですが、大きなリターンも期待できます。「世の中を変えるようなものに投資する」というのは投資の醍醐味であり、投資信託選びの一考にもなります。

このような観点から、プロが運用してくれる投資信託ですが、「自分はどんな投資をしたいのか？」「どんなところが良くなるだろう？」「それにはどんな投資信託がいいのかな？」と発想を巡らせることがとても大切です。

Question 14

投資信託は一度買ったらほったらかしでいいの？

◆国内、海外の株と債券に分散投資するだけ！

投資はしたいけど、いちいち売買するのは面倒なので、できればほったらかしにして、勝手にお金が増えているのが望ましい。そう考えている「ズボラさん」は、世の中にたくさんいると思います。

投資信託の魅力は、まさにその「ほったらかし投資」ができることです。

さらに投信の「つみたて投資」なら、それこそ月々100円からでも購入可能なので、一度設定すれば誰でも気軽にほったらかしておくだけ。1つだけでなく複数の商品に手軽に分散投資でき、あとはプロが勝手に資産運用を行ってくれます。

といっても、公募投信だけでも5000本以上あるので、投資初心者の人は、どの投信を買えばいいのか全くわからないと、戸惑いを感じてしまいますよね。

投信のタイプとリスク・リターンのイメージ

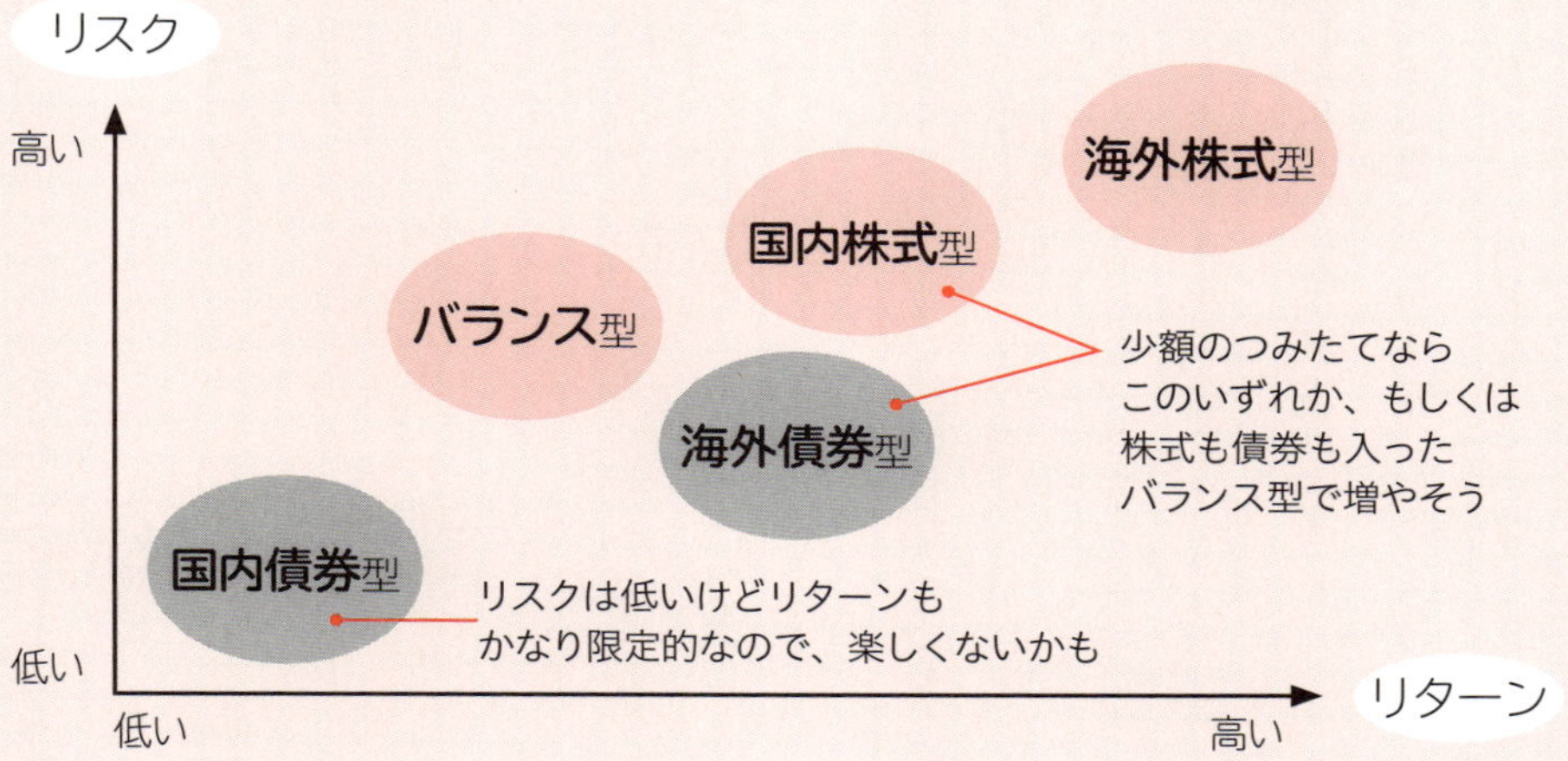

でも大丈夫。分散投資をする場合は、国内債券・株式、海外債券・株式の４タイプに当てはまるノーロード販売（手数料無料）のインデックスファンドに資産を配分しておけば、それだけでＯＫです。

相場の先行きが不透明なときはバランス型も

「ほったらかし投資」に向いているのは、リスクの少ない商品です。上の図でいえば、国内債券などがそれに当たります。

ただ、投資のうまみという点からいうと、国内債券はあまりにローリスク・ローリターンなので、高い収益は期待できません。

その意味では、高い収益も期待できる

海外の株式も少しは買っておきたいところですが、ハイリスクで値動きも激しいですから、ほったらかしで安定運用をしたいズボラさんには強くおすすめできません。

そのため、やはりズボラさんにおすすめなのは、得られる利益はそれほど大きくないものの、リスクもそれほど大きくないミドルリスク・ミドルリターン、77ページの図でいえば、「国内株式と海外債券」の組み合わせ、もしくは株式や債券を幅広く組み入れた「バランス型」の投信でしょう。

しかし、ズボラさんでも、すべてをファンドマネジャー任せにするのではなく、最初に買う際は、自分がどういうものに投資したいかということくらいは考えたほうがいいと思います。

たとえば、コロナ禍で一時期値下がりしたものの、米国の株価は依然として上昇を続けています。統計を取り始めてから50年以上続いている米国の株価上昇が今後も続くと考える人は、S&P500など全米の株式に投資するファンドを選んでもいいでしょう。

一方で、コロナ禍やロシアのウクライナ侵攻、円安、物価高や欧米の金融不安など、世界的に株価は不安定な状況が続きました。こういう状況が将来も起きて、いつか株価が暴落するのではないかと不安に思う人は、リスクを分散した「バランス型」のファンドに投資するのも1つの有効な方法です。文字通り、株式や債券などさまざまな商品に分散投資されていますので、市場に大きな変動があってもリスクを抑えることができます。

その際、チャプター6でも解説しますが、金融庁がつみたてＮＩＳＡ対象商品として推奨している投資信託がありますので、そのラインナップの中から投信を選ぶと、より安心です。

あるいは、現在は政府の政策転換の影響もあって、日経平均株価が30数年ぶりの高値を付けるなど、日本株も好調です。この好調ぶりが将来も続くと考える人は、日経平均株価やＴＯＰＩＸといった日本の株価指数に連動するインデックス投信などがおすすめです。

また、余裕資金のある人は、中・小型の成長株に投資して大きな投資成果を狙う投信や、高額な配当金を支払う高配当株に投資して安定した収益を狙う投信などの選択肢もあると思います。

まとめますと、「ほったらかし」投資の基本は長期つみたてで、リスクを抑えつつ、それなりのリターンも期待できる投資信託を買うことです。その投資信託も、運用するファンドマネジャーにすべてを任せるのではなく、自分で世界の情勢や経済動向などを考えて、どの投資信託を買うべきか決めるといいでしょう。そこまで決めて購入したら、そのあとは、ほったらかしにしておくのも自由です。

Question 15

「インデックスファンド」って何ですか？

◆長期分散投資に適したファンド

ここまで、さまざまな投信の種類について説明してきましたが、つみたて投資に向いた投信として最終的に私がおすすめしたいのは、やはり運用コストが安い「インデックスファンド（インデックス型投信）」です。

「インデックス」とは、日経平均株価や東証株価指数（ＴＯＰＩＸ）、ＮＹ市場のダウ指数など、市場の動向を表す指標のことをいいます。そして「インデックスファンド」は、そのインデックス（指標）に連動するように運用するファンドのことです。

インデックスファンドには、さまざまなメリットがあります。

まず、インデックスに連動する成果を目指すため、シンプルでわかりやすく、常にファンドの状況をチェックしていなくても大丈夫な点です。

インデックスファンドとアクティブファンド

●インデックスファンド

市場の値動きに連動するように複数の銘柄を組み入れ、運用する投資信託

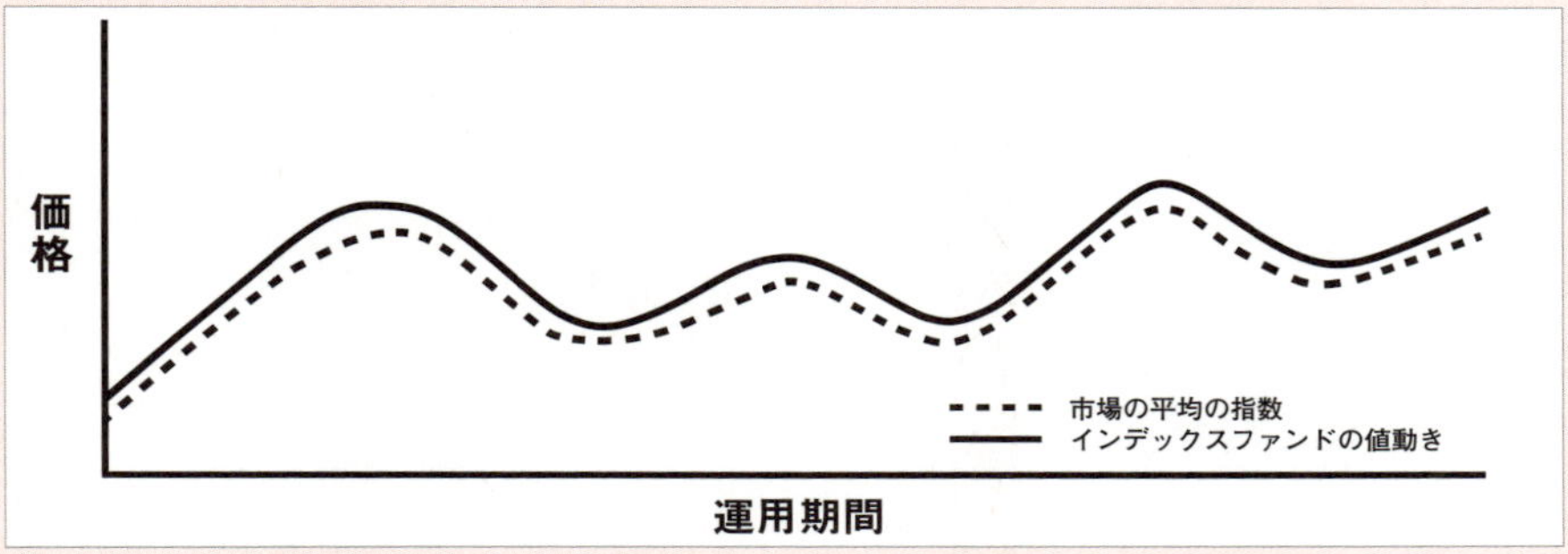

●アクティブファンド

ファンドマネジャーが独自の銘柄選択や資産配分により、
株価指数などの動きを上回る投資成果を目標とする投資信託

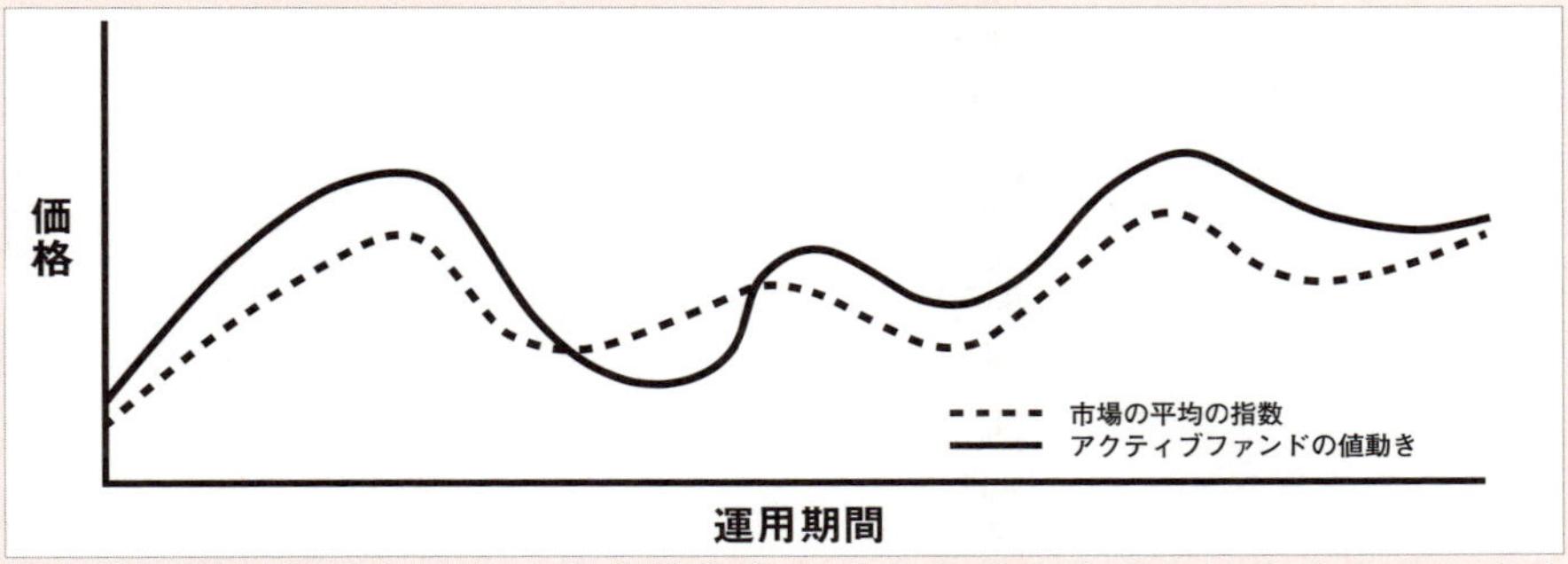

シンプルなインデックス連動型の運用のほうが、運用成績の面でもコスト面でも優秀といわれているようです

運用コスト（信託報酬）も比較的割安で、加えて、分散投資が可能になります。たとえば、普通の投資家が日経225銘柄のすべての株を購入することは不可能ですが、インデックスファンドなら、日経225とほぼ同じ銘柄に、ほぼ同じ構成比率で投資することができます。

つまり、インデックスファンドは、その国そのものの成長に投資をする、ということになり、最高の分散投資ということになります。

また、さらに分散投資となると、人気なのが「オールカントリー」もしくは「全世界型」というカテゴリーの投資信託です。文字通り、株式市場が存在する国すべての株価指数に投資している投資信託になります。

◆つみたて長期投資にはインデックス型が最適

インデックスファンドとよく比較されるのが、アクティブファンドです。

アクティブファンドは、ファンドマネジャーが企業取材などを通じて独自の観点から運用し、高いパフォーマンス（運用成績）を目指すファンドですが、投資の世界では、どんなに優秀なアクティブ型ファンドも、長い目で見るとインデックス型ファンドのパフォーマンスには勝てないという説があります。

短期的には優秀な成績を上げられても、それを10年、20年といった長期間続けられるアクティブ型ファンドは、ほとんどありません。

結論からいうと、シンプルなインデックス連動型の運用のほうが、長期のパフォーマンス面で優秀な成績を残しているということなのです。

これはコスト面でも同様です。信託報酬が3％のアクティブファンドと0・2％のインデックスファンドにそれぞれ100万円ずつ投資したとします。アクティブファンドの運用コストは年間3万円、インデックスファンドの場合は2000円です。これが20年の運用になると60万円と4万円となり、大変な差がつきます。

つまり、つみたて長期投資には、インデックス型主体の運用こそが向いているのです。ちなみに世界を変えるような（最近ではAIやデジタルトランスフォーメーションなど）産業が出たとき、3年から10年といった短期間でその業種に特化したアクティブファンドを攻めるのも一つ面白いかもしれませんね！

インデックス型のファンドは証券会社や投資信託協会、投資信託の格付け評価等を行っているモーニングスター社などのWebサイトで簡単に探すことができます。

Question 16

おすすめの投資信託はありますか？

◆投信選びに迷っている人はこれ！

投資信託の章の最後に、おすすめの投信を紹介します。

あくまでも私・若林の独自基準で選んだものですが、ここまでお話ししてきた「少額つみたて長期分散投資」、そして「ほったらかし投資」に向いた「インデックス型」の投資信託（ファンド）です。

投資信託選びの基本として解説してきた「基準価額」「純資産総額」「設定日」などの情報や、運用会社、過去の運用成績なども記載しています。

実際にこれらの投信を購入してもいいですし、ここで投信の見方に慣れて、ここで紹介している以外の投信を探してみても構いません。とにかく５０００本以上の数がありますので、自分にぴったりの投信を見つけてみてください。

若林史江の

100円つみたて おすすめ投信 BEST 16

データは2023年5月24日現在

楽天・全米株式インデックス・ファンド

（愛称：楽天VTI）　設定日：2017.09.29

運用会社名	楽天投信投資顧問
基準価額	2万854円
リターン（1年/3年/5年）	16.94/22.97/14.56（%）
純資産総額	9017億8400万円
販売（買付）手数料	なし
信託報酬など	0.162%
主要投資対象	バンガード・トータル・ストック・マーケットETF

Rakuten
楽天・全米株式インデックス・ファンド
愛称：楽天・VTI
追加型投信／海外／株式／インデックス型

楽天・全世界株式インデックス・ファンド

（愛称：楽天VT）　設定日：2017.09.29

運用会社名	楽天投信投資顧問
基準価額	1万7506円
リターン（1年/3年/5年）	15.87/21.37/11.02（%）
純資産総額	2856億3300万円
販売（買付）手数料	なし
信託報酬など	0.195%
主要投資対象	主にバンガード・トータル・ワールド・ストックETFなど

Rakuten
楽天・全世界株式インデックス・ファンド
愛称：楽天・VT
追加型投信／内外／株式／インデックス型

<購入・換金手数料なし>ニッセイ外国株式インデックスファンド

設定日：2013.12.10

運用会社名	ニッセイアセットマネジメント
基準価額	2万8526円
リターン（1年/3年/5年）	18.27/23.29/13.31（%）
純資産総額	4877億2000万円
販売（買付）手数料	なし
信託報酬など	0.1023%
主要投資対象	日本を除く世界主要先進国の株式

ニッセイ日経225インデックスファンド

設定日：2004.01.28

運用会社名	ニッセイアセットマネジメント
基準価額	3万7209円
リターン（1年/3年/5年）	17.48/16.61/7.93（%）
純資産総額	2208億3400万円
販売（買付）手数料	なし
信託報酬など	0.275%
主要投資対象	日経平均株価採用銘柄の中から200銘柄以上に等株数投資

iFree NYダウ・インデックス

設定日：2016.09.08

運用会社名	大和アセットマネジメント
基準価額	2万7285円
リターン（1年/3年/5年）	18.13/22.61/12.93（%）
純資産総額	490億9000万円
販売（買付）手数料	なし
信託報酬など	0.2475%
主要投資対象	米国の株式（DR=預託証券を含む）

iFree 新興国株式インデックス

設定日：2016.09.08

運用会社名	大和アセットマネジメント
基準価額	1万7137円
リターン（1年/3年/5年）	12.20/17.65/4.49（%）
純資産総額	109億500万円
販売（買付）手数料	なし
信託報酬など	0.374%
主要投資対象	新興国の株式（DR＝預託証券を含む）

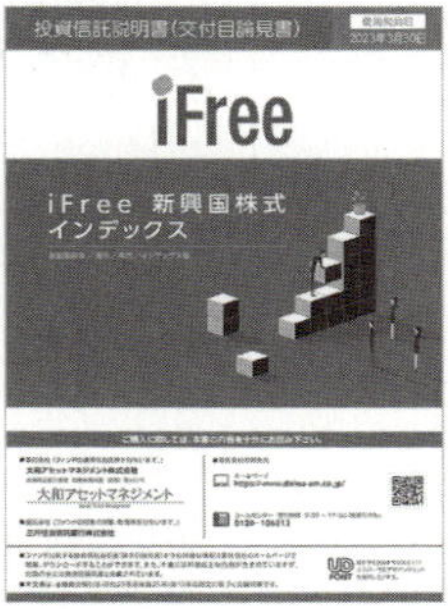

三井住友・DCつみたてNISA・全海外株インデックスファンド

設定日：2011.04.18

運用会社名	三井住友ＤＳアセットマネジメント
基準価額	3万8800円
リターン（1年/3年/5年）	16.54/21.62/11.80（%）
純資産総額	1470億7600万円
販売（買付）手数料	なし
信託報酬など	0.275%
主要投資対象	海外先進国・新興国の株式、先物取引等を主要投資対象とするETF

つみたて先進国株式

設定日：2017.08.16

運用会社名	三菱ＵＦＪ国際投信
基準価額	2万510円
リターン（1年/3年/5年）	18.14/23.17/13.23（%）
純資産総額	1235億7500万円
販売（買付）手数料	なし
信託報酬など	0.22%
主要投資対象	主として日本を除く先進国の株式

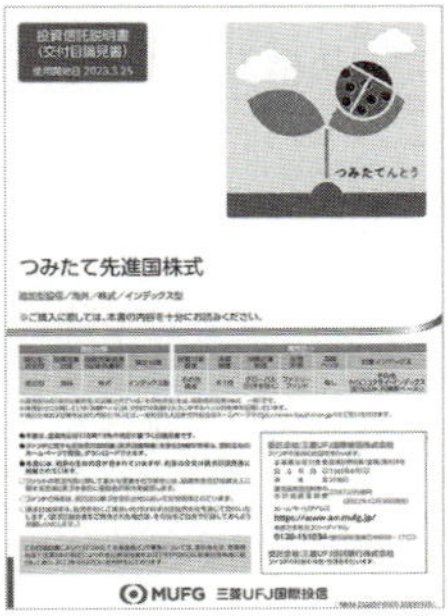

SMT グローバル株式インデックス・オープン

設定日：2008.01.09

運用会社名	三井住友トラスト・アセットマネジメント
基準価額	3万1472円
リターン（1年/3年/5年）	17.79/22.75/12.85（%）
純資産総額	1590億3100万円
販売（買付）手数料	なし
信託報酬など	0.55%
主要投資対象	日本を除く世界の主要国の株式に分散投資

iFree S&P500 インデックス

設定日：2017.08.31

運用会社名	大和アセットマネジメント
基準価額	2万2727円
リターン（1年/3年/5年）	18.00/23.69/15.47（%）
純資産総額	955億7900万円
販売（買付）手数料	なし
信託報酬など	0.2475%
主要投資対象	米国の株式（DR=預託証券含む）

eMAXIS Slim 全世界株式（オール・カントリー）

設定日：2018.10.31

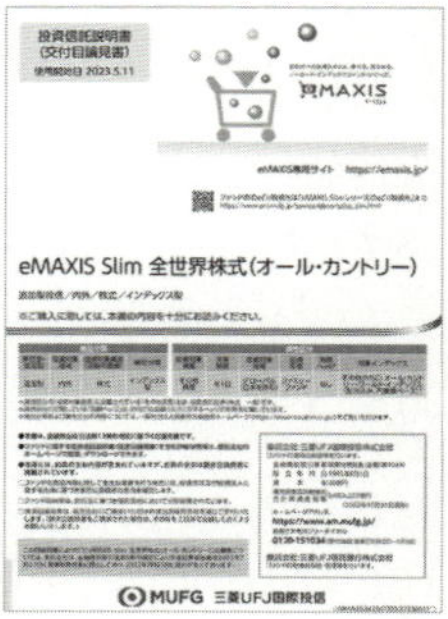

運用会社名	三菱ＵＦＪ国際投信
基準価額	1万8092円
リターン（1年/3年/5年）	16.83/21.58/ -（%）
純資産総額	1兆878億8200万円
販売（買付）手数料	なし
信託報酬など	0.1133%
主要投資対象	日本を含む先進国および新興国の株式等（DR=預託証券を含む）

設定日：2018.07.03

eMAXIS Slim 米国株式（S&P500）

運用会社名	三菱ＵＦＪ国際投信
基準価額	2万407円
リターン（1年/3年/5年）	18.16/23.89/ - （%）
純資産総額	2兆642億2200万円
販売（買付）手数料	なし
信託報酬など	0.09372%
主要投資対象	主として対象インデックスに採用されている米国の株式

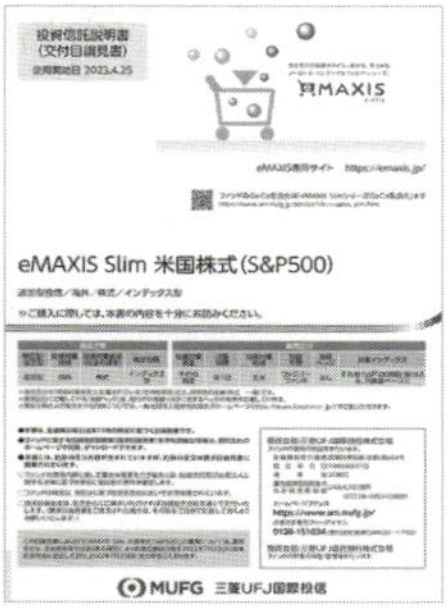
投資信託説明書（交付目論見書）
eMAXIS Slim 米国株式(S&P500)
MUFG 三菱UFJ国際投信

設定日：2015.12.18

たわらノーロード

運用会社名	アセットマネジメントOne
基準価額	2万3266円
リターン（1年/3年/5年）	18.28/23.28/13.30（%）
純資産総額	3068億9500万円
販売（買付）手数料	なし
信託報酬など	0.09889%
主要投資対象	主として海外の金融商品取引所に上場している株式に実質的に投資

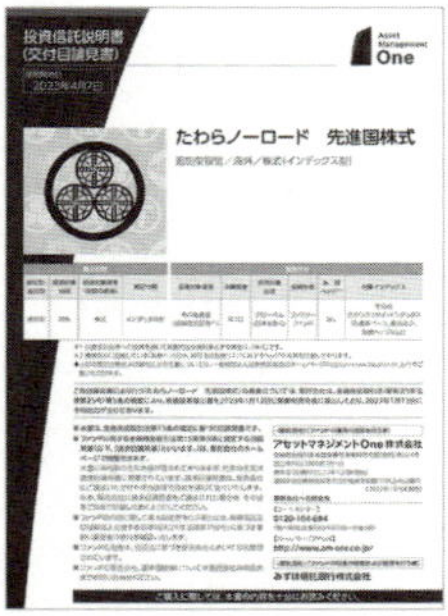
投資信託説明書（交付目論見書）
たわらノーロード　先進国株式
ご購入に際しては、本書の内容を十分にお読みください。

設定日：2013.09.03

iシェアーズ　米国株式（S&P500）インデックス・ファンド

運用会社名	ブラックロック・ジャパン
基準価額	3万8519円
リターン（1年/3年/5年）	17.86/23.27/15.16（%）
純資産総額	187億7400万円
販売（買付）手数料	なし
信託報酬など	0.0938%
主要投資対象	米国株式市場

BlackRock
投資信託説明書（交付目論見書）
2023年2月3日
iシェアーズ　米国株式(S&P500)インデックス・ファンド
追加型投信／海外／株式／インデックス型
ご購入に際しては、本書の内容を十分にお読みください。

iFree 8資産バランス

設定日：2016.09.08

運用会社名	大和アセットマネジメント
基準価額	1万5267円
リターン（1年/3年/5年）	7.44/11.33/5.63（%）
純資産総額	542億4300万円
販売（買付）手数料	なし
信託報酬など	0.242%
主要投資対象	国内株式、先進国株式、各国の債券、REITなど8つの資産クラスに投資

SBI・全世界株式インデックス・ファンド

（愛称：雪だるま（全世界株式））

設定日：2017.12.06

運用会社名	SBIアセットマネジメント
基準価額	1万7049円
リターン（1年/3年/5年）	16.08/21.40/10.98（%）
純資産総額	1079億8100万円
販売（買付）手数料	なし
信託報酬など	0.1102%
主要投資対象	実質的に日本を含む世界の株式へ投資

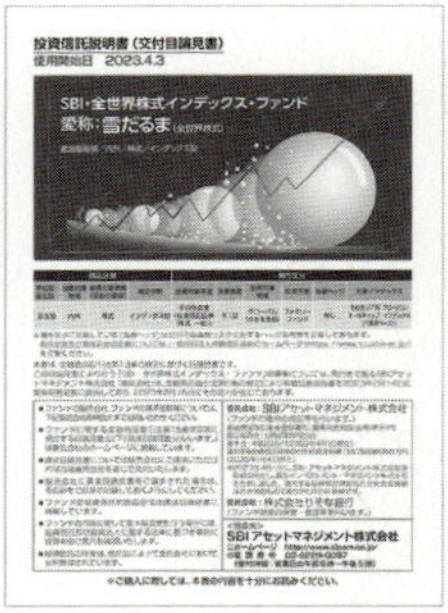

多少リスクがあっても
大きく儲けたい人は
株式比率高め、
安定性を重視する人は
債券の比率が高い
ファンドを選ぶのが
基本です！

Chapter 4

株式投資って何ですか？

Question 17

株式投資と投資信託は何が違うの？

◆本当にいい企業の株なら怖くない

チャプター3では投資信託の説明をしてきました。さらにこの章では、株式投資の話をしていきます。

「株」というと投資信託以上に「怖い」「危ない」「損する」「難しい」「めんどくさい」というネガティブなイメージをお持ちの方、多いですよね？

長年「株が好き！」といい続けてきた私からすると、株式投資ほど楽しくてワクワクしてお得度満点で手軽な投資対象はないと思うんですけど、世間様が株式投資に抱いているハードルはとても高いようです。

そこで、まずは金額面から安心していただきましょう。株式投資に関しても、月々1000円からのつみたて投資サービスを提供している証券会社があります。「るいとう」と

株式投資は企業の「顔」が見える

投資信託は個別の会社の「顔」が見えない

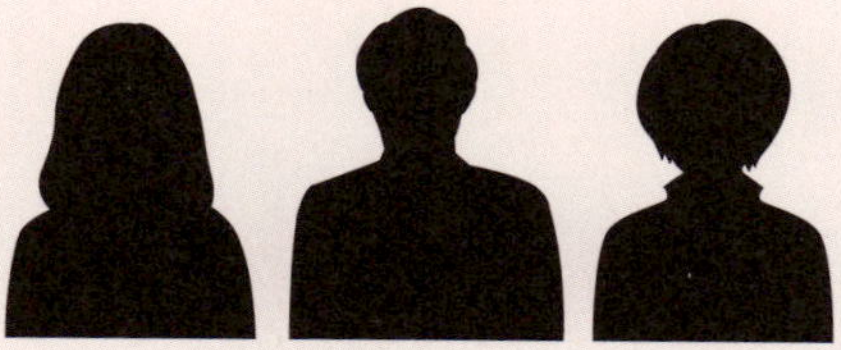

投資家は「袋詰め商品」に投資している感覚

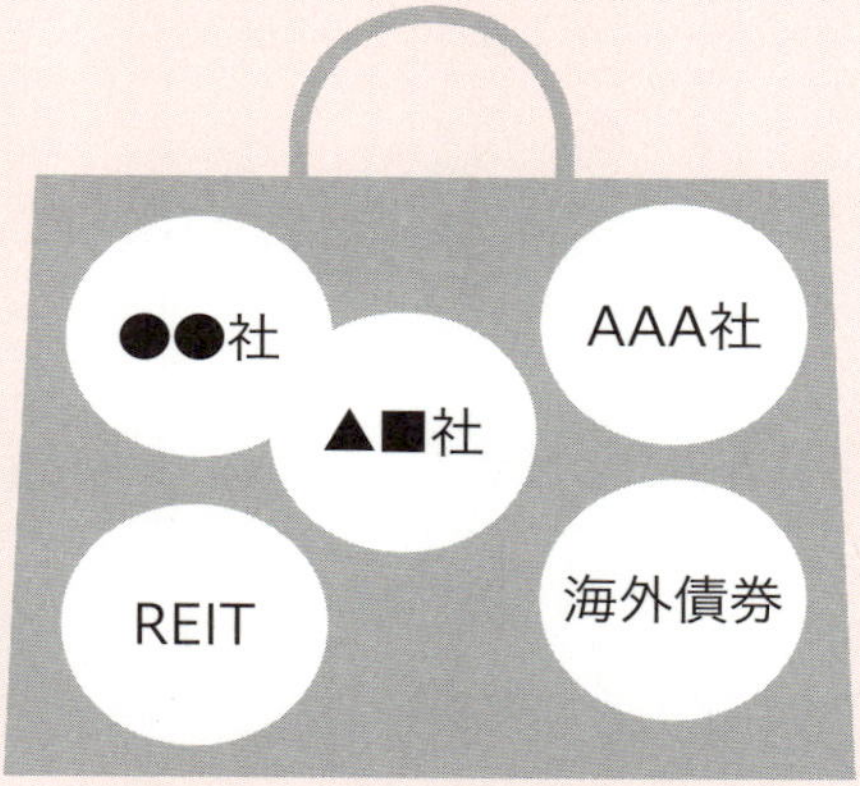
●●社
▲■社
AAA社
REIT
海外債券

株式投資は「顔」の見える会社に投資

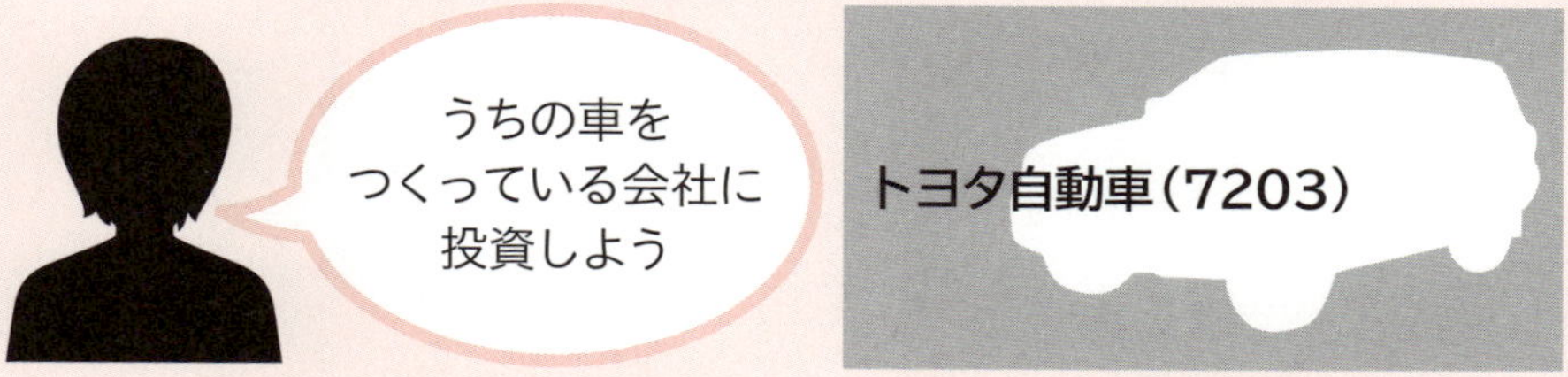
うちの車をつくっている会社に投資しよう
トヨタ自動車（7203）

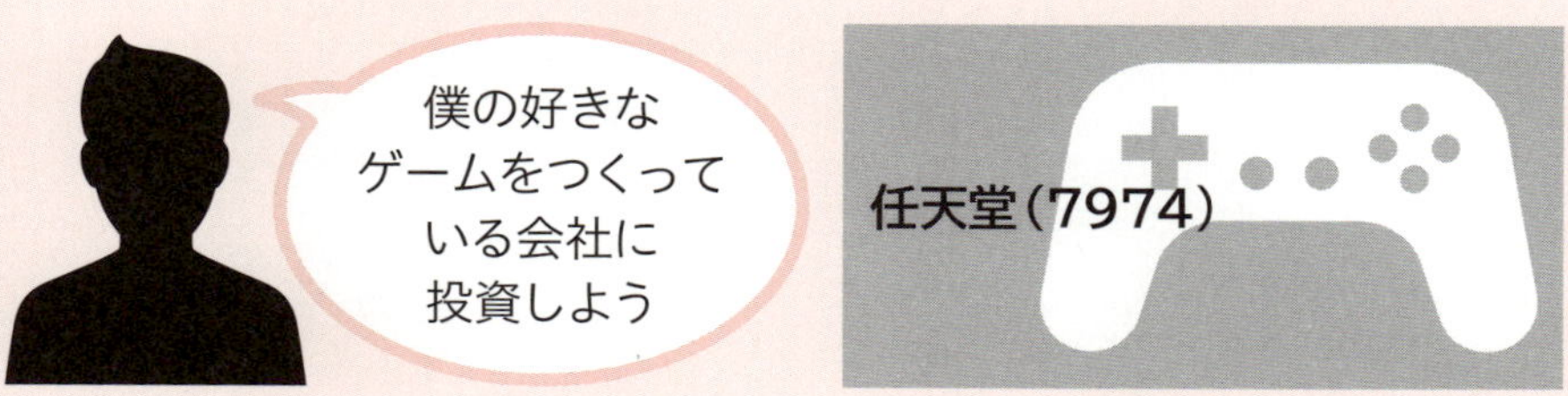
僕の好きなゲームをつくっている会社に投資しよう
任天堂（7974）

呼ばれる、株式累積投資がそれです。

つみたてでなくても、少額資金で1株単位から株を買えるようになりました。かつては最低100株単位という「単位株制度」というものがあって、トヨタ自動車の株は最低でも20万円くらいないと買えませんでしたが、今では1株2000円程度から買えます。もはや「お金がないから株なんて高くて買えない」といって株式投資を敬遠する時代ではないのです。

また、投資信託の場合はたくさんの金融商品が袋詰めにされている状態なので、はっきりいって会社の「顔」が見えづらい面があります。

でも株式投資なら、日頃ランチを食べている飲食チェーンだったり、仕事関係で日々の付き合いのある同業他社やライバル企業だったり、趣味の世界で出くわした魅力満点の新興企業だったりというように、「これだ！」と自信を持って応援できる企業が見つけられるはずです。

ふだん自分が乗っている自動車メーカーの株でもいいでしょう。日常生活で使っている洗剤とか化粧品、衣料品メーカーの株でもOK。スマホでヒットしそうなゲームや便利なアプリを開発している新興企業もGOOD。身の回りで接している企業の中にこそ、これから株価が急騰するダイヤモンドの原石が隠れているんです。

安く買って、高く売る

1764円ー1154円＝610円（100株で6万1000円）の利益

トヨタ自動車（7203）のチャート（出典：「株探」https://kabutan.jp/）

そんな企業の株を買うのが株式投資の第一歩です。

安く買って、高く売る

まずは自分もよく知っていて、世の中でも優良企業として評価されている大企業の株を買ってみましょう。そうすれば株式投資がどんなに楽しいものかわかりますし、株で利益を上げることが意外と簡単かもと感じられるはずです。

基本は「安く買って、高く売る」。もちろん、それをベストなタイミングで行うのは簡単ではありません。そこでまずは少額から株式投資にチャレンジしてみましょう。そして経験を積んでいけば、利益も出せるようになります。

Question 18

株式投資はギャンブルと違うの？

◆株式投資は社会貢献でもある

株式投資が「ギャンブル」だと思っている人、すごく多いですよね。でも、株式投資はギャンブルとは違います。株式とは、会社が資金調達のために発行する証券のことです。その株式を買うと、株主として、その会社のオーナーとしての権利を得られます。株主になれば、株主総会に参加して議決権を行使したり、配当金や株主優待を受け取ることができます。また、購入時より株価が上がったタイミングで株式を売却すれば、その差額が自分の利益になります。これが基本的な株式投資から得られる利益です。しかし、株式投資から得られるメリットは、それだけではありません。

たとえば、投資家が投資したお金によって企業がさまざまな商品やサービスを生み出せば、それが市場で売れて経済は活性化されます。また、企業がいろいろな製品などを開発

株式投資は社会貢献

企業に投資することでお金＋αの利益が還元される

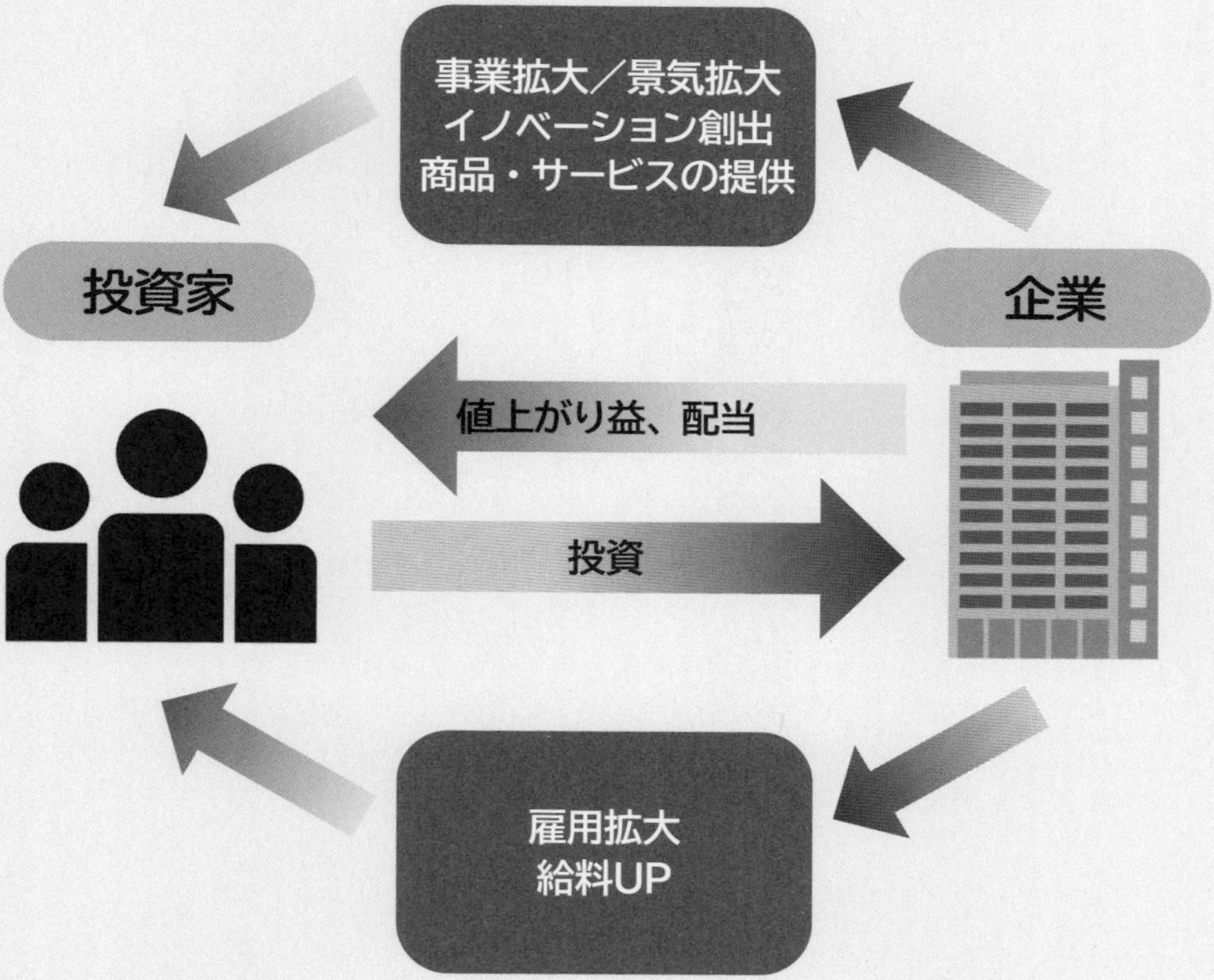

株式投資は、
株価の値上がり益や配当で儲かるというだけでなく
企業に投資することで、
社会に貢献し自分自身にもその利益が還元される

していく過程でイノベーションが発達しますし、それによって暮らしが豊かになったり便利になります。

また、企業の業績が良くなれば、人手も必要になりますので、雇用が活性化されます。

また、企業の業績が良くなることによって給料も上がりますので、企業に投資した投資家は仕事の面でもその恩恵を受けることができます。

◆ギャンブルは自分だけの利益のため

株式投資は、ある意味ギャンブルと非常に似ているところがあります。たとえば競馬では、買おうとする競走馬の過去のデータを見たり、パドックで馬の様子を見て、筋肉の付き具合などの様子を観察します。そして「これは行ける！」という自信を持った時点でその馬の馬券を買います。

一方、株式投資は、企業の過去の業績や株価チャートを見たり、ビジネスモデルや経営者の資質を見て「これは行ける！」という自信を持った時点でその企業の株に投資します。

しかし、ギャンブルのそもそもの目的は、娯楽やレジャー、あるいは一攫千金を夢見て一発勝負をするというようなところだと思います。そしてギャンブルに投資されたお金は、株式投資のように社会に貢献するということはありません（厳密にいうと、競馬の収益金

投資はギャンブルと似ているが……

がJRAから農林水産省を通じて社会に貢献しているのかもしれませんが）。

また、ギャンブルの場合、大勢の人から集めたお金は、勝った人だけが手にすることができます。負けた人はただお金を失うだけです。つまり「ゼロサムゲーム」になってしまうのです。

一方で、株式投資は値下がりしたとしても直接お金がなくなるわけではなく、また会社の業績が回復すれば、株価が上昇して利益を回復することもできます。

自分自身が利益を得るだけでなく、企業そのものが発展することによって社会にも貢献する「プラスサムゲーム」。それが株式投資とギャンブルの大きな違いなのです。

Question 19

まとまったお金がないと株って買えないんじゃないの？

◆数十万円のお金は必要なし！

株式投資はまとまった金額がないとできないと思い込んでいる人が多いようですが、先にも説明しましたように、今では株式投資は1000円単位、場合によって100円単位から行うこともできます。

従来は株を買うときには、「100株以上100株単位」のように、単元株といって、売買できる株数が決まっていました。100株の株を買うためには、数十万～100万円以上のお金が必要になります。「それじゃあ、資金を少ししか持っていない人は株を買えないじゃん！」ということで始まったのが、ネット証券各社の端株購入サービスです。これは単位株と違い、1株から株を購入できるサービスです。

左ページの表を見てもわかるように、1株単位で株が買えるようになると、ここに載っ

有名企業の株でも１株から買えば数千円単位

会社（銘柄）名	証券コード	単位株（100株）	１株
資生堂	4911	68万100円	6801円
任天堂	7974	57万2100円	5721円
ソフトバンクグループ	9984	50万9400円	5094円
三菱商事	8058	50万1800円	5018円
日本電信電話	9432	41万4900円	4149円
東京海上ホールディングス	8766	27万2000円	2720円
日本航空	9201	25万8600円	2586円
トヨタ自動車	7203	18万5700円	1857円
日本郵政	6178	11万1800円	1118円
三菱ＵＦＪ フィナンシャル・グループ	8306	8万5290円	852.9円

2023年4月28日の終値、手数料は考慮していない

ているような有名企業の株でも1000円単位、銘柄によっては1000円以下で買えるようになっているのです。ですから、「まとまったお金がないと株式投資ができない」という問題は解決されているので、ご安心ください。

◆100円から株を買えるサービスも！

さらに最近では、100円から購入できる株式というのもあります。

SMBC日興証券がやっている「日興フロッギー」というサービスは、投資を学びながら体験し、資産形成をサポートする、というものです。

ここでは投資の記事をWebで読みながら、その中に出てくる銘柄や関連銘柄を購入できるようになっています。購入する場合はSMBC日興証券の口座を持っている必要がありますが、なんと100円から上場企業約4000社の株式やETF、リートなどに投資することができます。しかも100万円まで購入時の手数料がかからないうえ、ポイントを使って株を購入することもできます。

なぜこのような少額での投資が可能なのかというと、投資信託と同じようなしくみで、投資家から集めた少額のお金を、いったん証券会社が集めて株式を購入し、利益が出たら投資した投資家に人数分だけ配分するというしくみだからです。

100円から買える株のしくみ

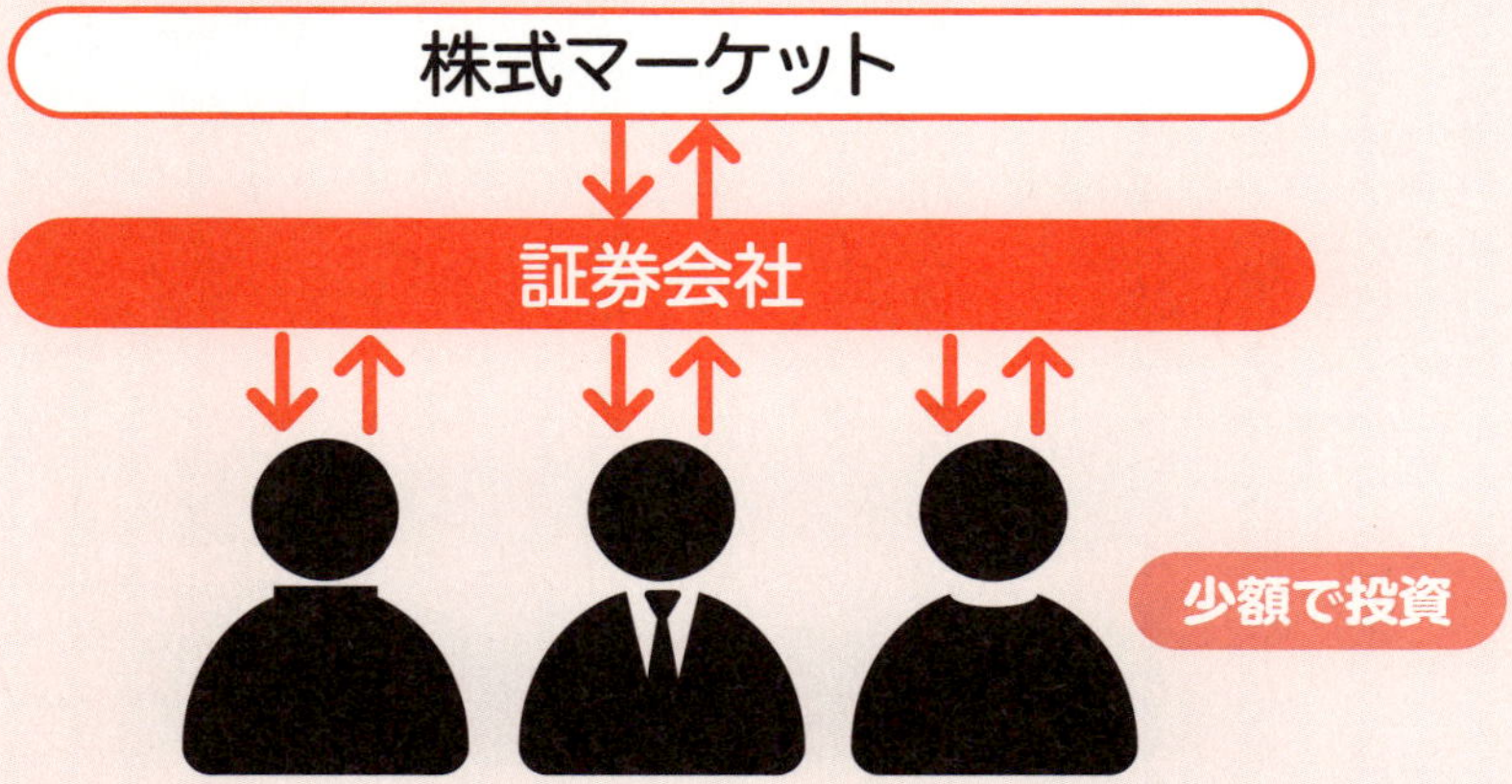

SMBC日興証券の資料を基に編集部で作成

少額で投資しても、株主総会への参加や、議決権の行使などはできません。しかし、なんと！配当金はもらえるのです！

ただし、投資する金額が少ないので、もし利益が出ても、それほど大きなものにならないことは理解しておきましょう。

たとえば単位株１００株で買っていた場合、株価が１００円上がれば１万円の儲けになりますが、１株だけ買っていたら１００円の儲けにしかなりません。逆にいえば、それだけ損も少なく抑えることができますので、投資初心者の人はまずこの少額投資から始めて経験を積み、慣れてきたら徐々に投資額を増やしていくようにするのもいいでしょう！

Question 20

500円単位のワンコインで買える株はどんな株？

◆日産自動車の株がワンコインで買える！

株価は日々変動しますので、この本で紹介している1000円未満の株が、発売されたときには値上がりして1000円以上になっている場合もありますので、その点はご了承いただければと思います。

ここでは2023年4月末の株価をもとに説明していますが、たとえば日産自動車の株価は500円以下、つまり「ワンコイン」で買えるようになっています。

同社の株は4月28日時点で492・2円です。ネット証券で購入するときは、左ページの図のように、「単元未満株買い」をクリックします。これは単元株（100株）というまとまった株でなく、「バラ」で株を買う設定です。そして数量を設定し、購入します。買い方も簡単ですよね。

日産自動車の株が500円で買える!?

株価
492.2円

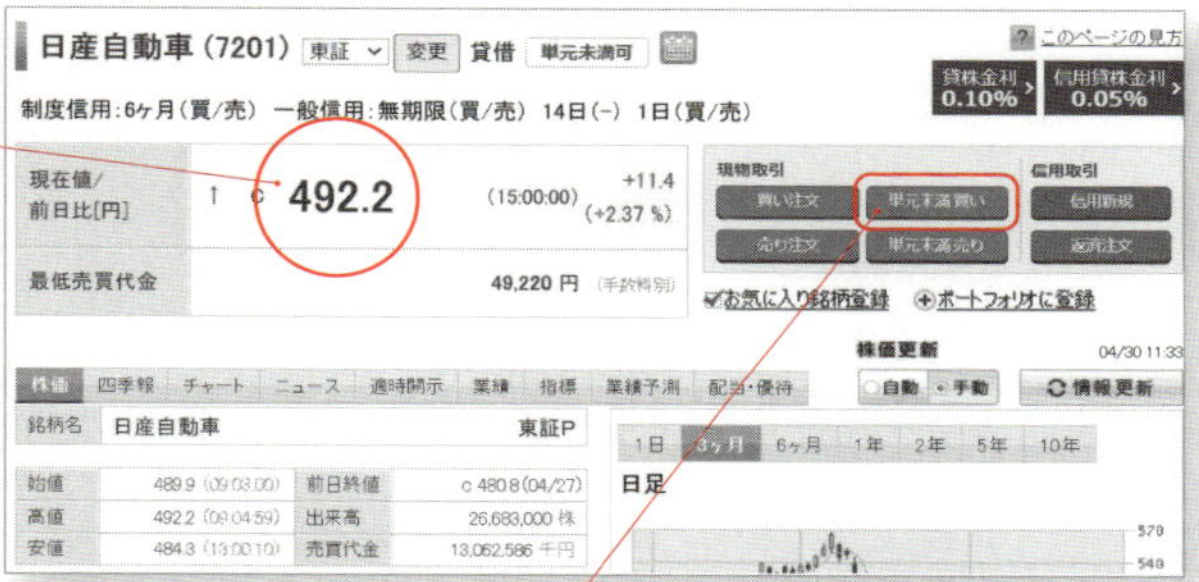

「単元未満株買い」
をクリック

購入は
「成行」のみ

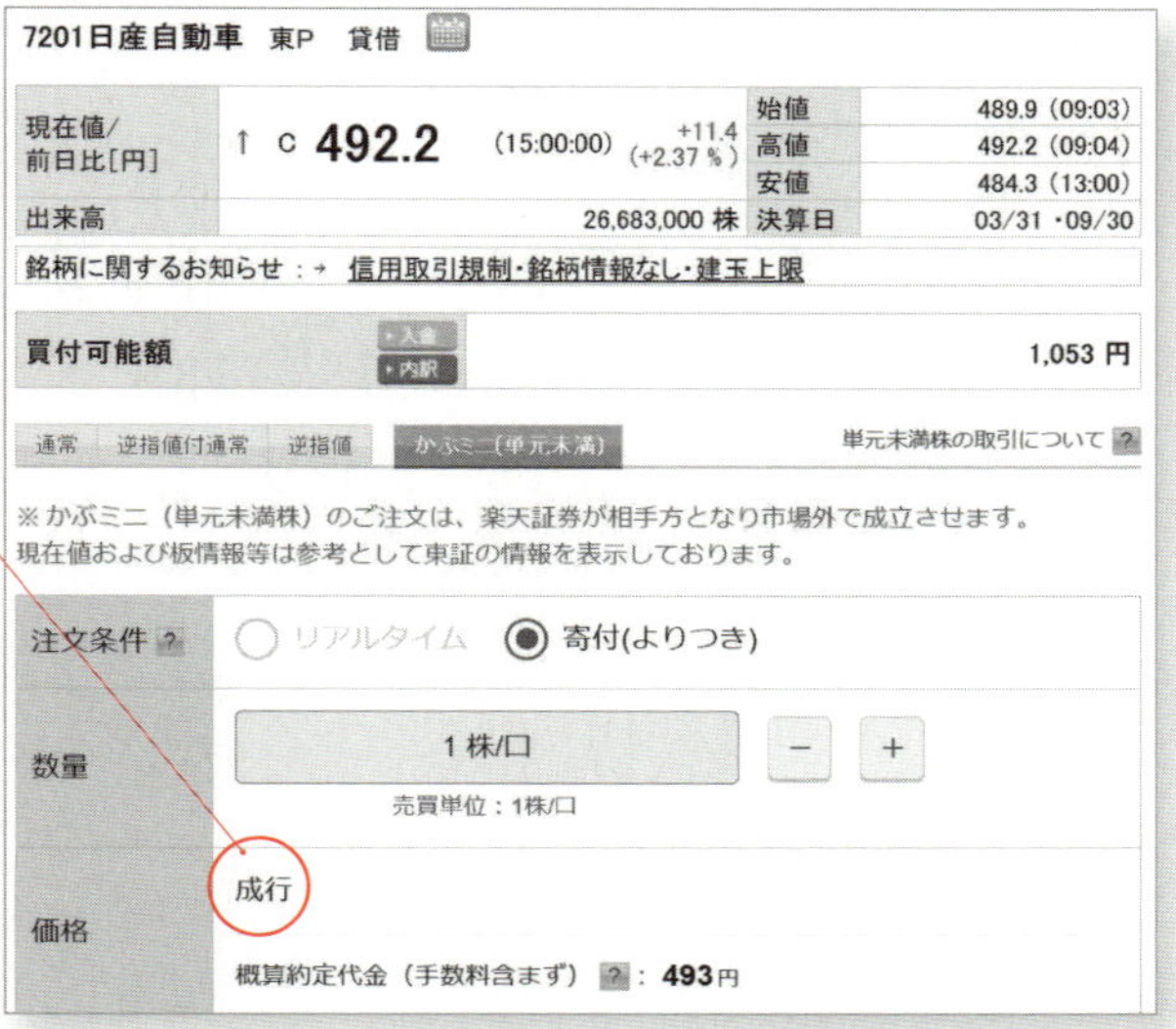

※概算約定代金は
東証の参考価格を基に
算出しており、
実際の約定単価とは
異なる。また、
別途スプレッドが
加算される

2023年4月28日の終値

◆上場したばかりのお買い得な会社も

左ページでは、このほかにワンコインで買える有名企業の株を紹介しています。

東京電力ホールディングスは２０１１年の東日本大震災で福島第一原発の事故があって株価が急落し、その後も事故処理の作業の負担などによって利益が低迷し、株価は非常に安い値段になっています。しかし、電力のような基盤産業は簡単に倒産することはありませんので、株価は安くても会社の事業自体は継続されています。

Ｚホールディングスは、ソフトバンク系のネットサービス会社で、傘下にヤフー、ＬＩＮＥ、ＰａｙＰａｙ、ＺＯＺＯなどの会社があります。これだけ有名な会社を傘下において事業を展開していながら株価が安いのは不思議ですが、投資家の人たちから見ると利益が出ていないとか、有利子負債すなわち借金が多いなどの理由が、株価が上がらない理由になっているようです。しかしたとえば、借金が多いのは積極的に買収を行い、将来の成長に向けての投資ということも考えられますので、一概に悪いとはいえません。

また、ＩＰＯといって証券取引所に株式を上場したばかりの会社の中には、株価数百円でも、その後飛躍的に株価が上昇する会社がありますので、儲けを狙うのならそういう会社も狙い目です。

500円以下で買える優良企業の株

●日産自動車（7201）　492.2円

●東京電力ホールディングス（9501）　487円

●ENEOSホールディングス（5020）　482.0円

●Zホールディングス（4689）　370.6円

●セブン銀行（8410）　278円

ただし、
ワンコインだから、
買いやすいから
という理由だけの
銘柄選びは
やめましょう♪

株価は2023年4月28日のもの

Question 21

商品券や会社の製品がもらえる株主優待ってどんなもの？

◆飲食チェーンの優待でつかの間の贅沢《ぜいたく》気分を！

株式投資をやるメリットは大きく分けて3つあります。

1つは株価が値上がりしたときの「値上がり益」です。1000円で買った株が1500円になれば単純に500円の儲けになります。10株買えば5000円、100株買えば5万円の儲けということです。

2つ目のメリットが「株主優待」です。これはすべての会社が行っているわけではありませんが、株主に対しての還元という意味で、その会社が作っている商品や提供するサービス、あるいは商品券などを株主に配布するものです。

3つ目が「配当」です。これも株主還元サービスの1つですが、企業が利益を出したらその一部を株主に還元するというものです。配当については、次のQ22で詳しくご説明し

株式投資で還元される利益・メリット

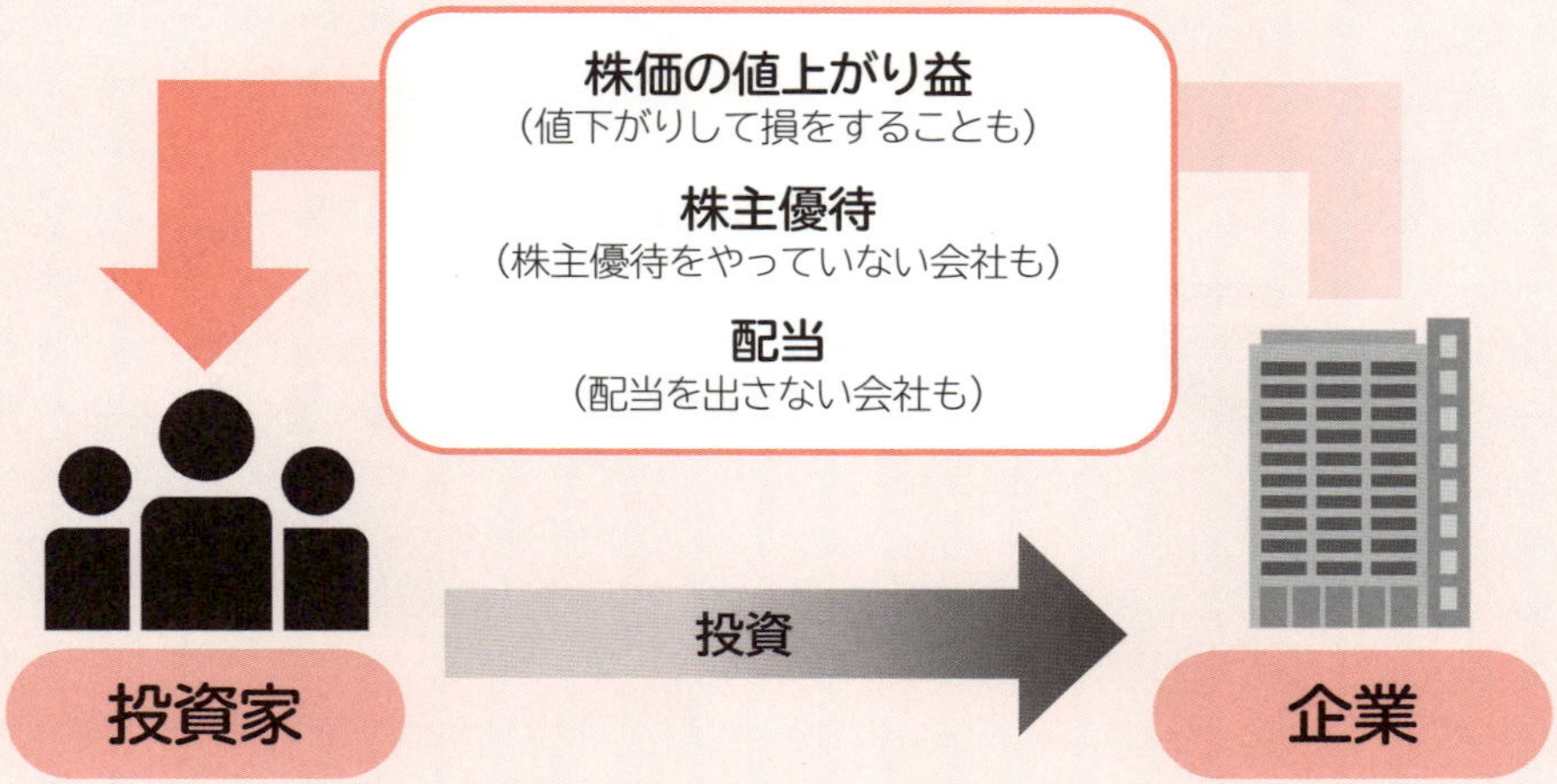

ます。

ここでは、株式投資のメリットの1つである株主優待についてご説明します。

飲食チェーンを展開する優待企業の多くは、自社の店舗で使える食事券を株主優待品にしているケースが多いです。つかの間の贅沢気分が味わえるので、優待株投資のターゲットとしてはイチ押しです。

そのほか、食品会社であればその会社が作っている食品がもらえたり、航空会社や鉄道会社なら関連するホテルの割引券などがもらえたりします。次ページからは、私がおすすめする株主優待の例をいくつかご紹介しましたので、参考にしてみてください。

若林史江の

株主優待 ランダム紹介

株価は2023年4月28日の終値、イラストはイメージです

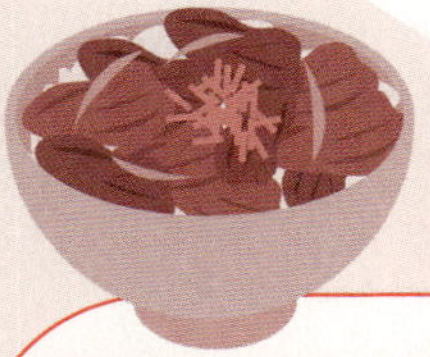

東証プライム・9861

吉野家ホールディングス

吉野家、はなまるうどんなどで使える

食事優待券4000円分

（2000円分×年2回）

株価

2512円

優待はいくらから？

25万1200円

（100株から）

東証プライム・3197

すかいらーくホールディングス

ガスト、バーミヤン、ジョナサンなどで使える

食事優待券4000円分

（2000円分×年2回）

株価

1824円

優待はいくらから？

18万2400円

（100株から）

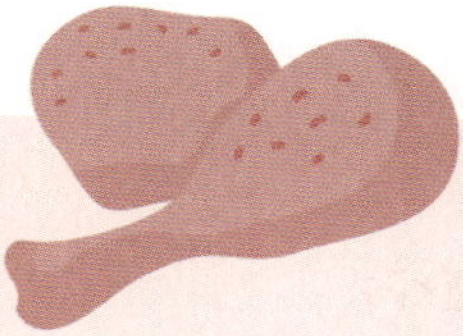

東証スタンダード・9873

日本KFC ホールディングス

一部店舗を除く
ケンタッキーフライドチキンで使える
株主優待券500円分
（継続保有期間3年未満）

株価
2898円

優待はいくらから？
28万9800円
（100株から）

東証スタンダード・2702

日本マクドナルド ホールディングス

バーガー類、サイドメニュー、
ドリンクの
商品引換券6枚ずつで1冊
（半期で1冊、年間2冊）

株価
5670円

優待はいくらから？
56万7000円
（100株から）

東証プライム・3543

コメダ ホールディングス

株主優待用のプリペイドカード
「KOMECA」に
2000円分チャージ
（1000円分×年2回）

株価
2563円

優待はいくらから？
25万6300円
（100株から）

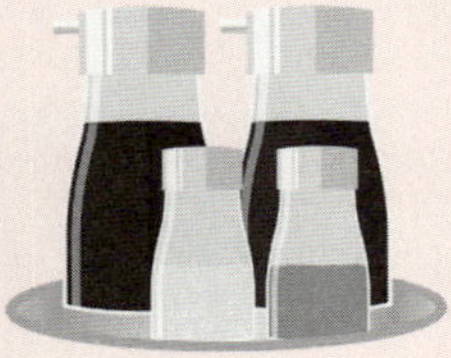

東証プライム・3563

FOOD & LIFE COMPANIES

スシロー、「鮨 酒 肴 杉玉」および
京樽が運営する全ブランド
（一部店舗を除く）で使える

株主優待割引券4400円分

（2200円分×年2回）

株価

3265円

優待はいくらから？

32万6500円

（100株から）

東証プライム・2802

味の素

味の素グループ製品
詰め合わせセット

1500円相当

（100株以上を継続半年以上）

株価

4885円

優待はいくらから？

48万8500円

（100株から）

東証プライム・2282

日本ハム

グループ優待品

3000円相当

株価

3970円

優待はいくらから？

39万7000円

（100株から）

東証プライム・3048

ビックカメラ

指定店舗で利用できる
株主向け

買物優待券3000円

（1000円+2000円）

株価

1137円

優待はいくらから？

11万3700円

（100 株から）

東証プライム・3199

綿半ホールディングス

長野県産コシヒカリ、
リンゴジュースセットなど信州特産品

2000円分相当

（100株以上を継続半年以上）

株価

1429円

優待はいくらから？

14万2900円

（100 株から）

東証プライム・4755

楽天グループ

楽天キャッシュのほかに
NBA動画配信、音楽など

楽天キャッシュ500円分

株価

675円

優待はいくらから？

6万7500円

（100 株から）

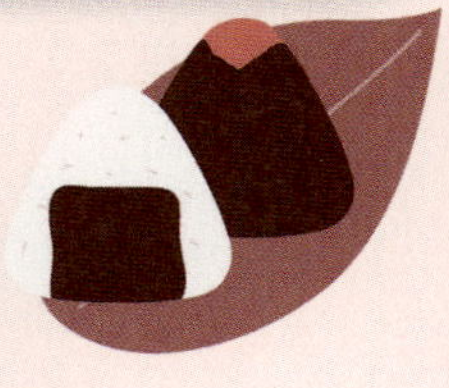

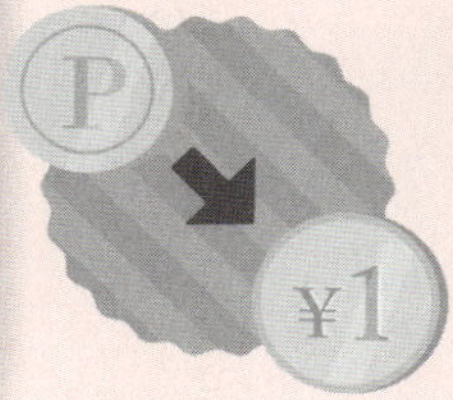

Question 22

「配当」っていくらくらいもらえるものなの？

◆定期預金より銀行そのものの株を買ったほうがお得？

株式投資のもう1つのメリットが株主配当です。

株主配当は、会社が毎年上げる利益の一部を、会社のオーナー様である株主に還元してくれるものです。

万年赤字の会社などは、配当を実施していないケースもあります。しかし、本業が順調で堅実な経営を続けている会社なら、よほどのことがない限り配当を毎年払ってくれます。

なお、配当を行っていない会社の中には、稼いだ利益を会社の成長投資に回したい新興企業などもあります。こういう会社は、今後成長して株価が上昇する可能性が高いので、配当よりもむしろ株価の値上がり益を狙ったほうがいいでしょう。

配当のいいところは、株価の値上がり値下がりに関係なく、定期的に投資家にお金が入

配当は自分が買った株数に応じてもらえる

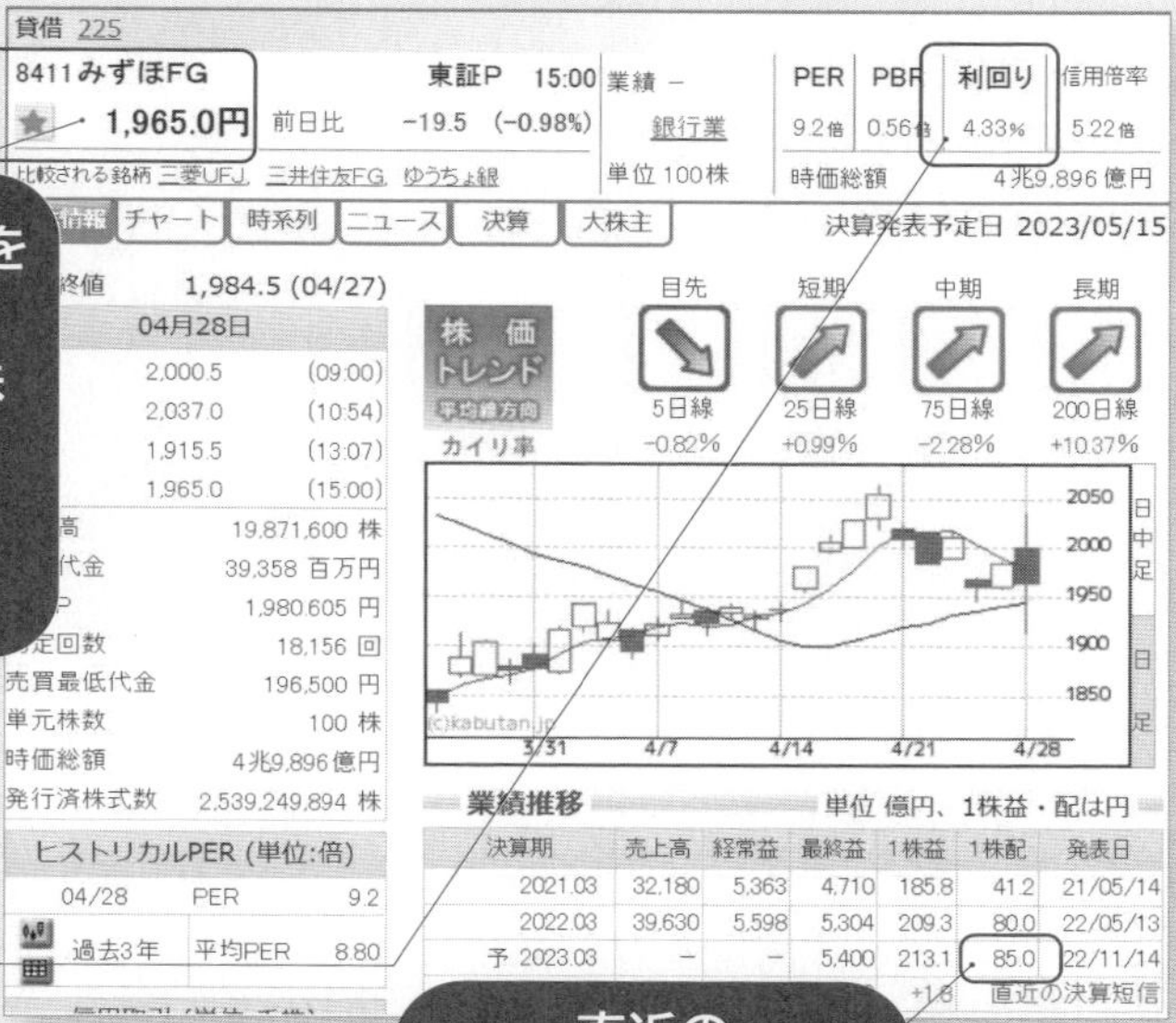

株価1965円の株を100株買うと1965円×100株＝19万6500円
1株だけ買うと1965円

配当利回りは4.33%

直近の1株当たり配当金は85円

あなたが受け取れる配当金は

1株なら**85円**、100株なら**8500円**

配当利回りは**4.33%**

（配当金は2023年予想値）

銀行の定期預金より銀行そのものの株を買ったほうがお得かも？

出典：株探（https://kabutan.jp/）、株価は2023年4月28日の終値

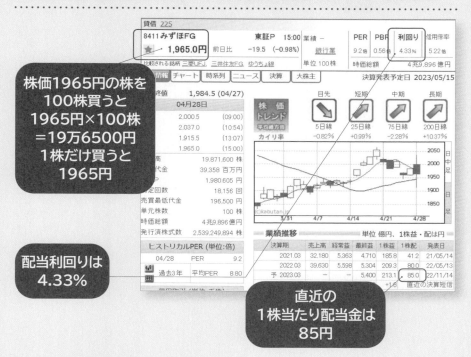

ってくることです。高配当の会社の株を買っていれば、株価の変動に一喜一憂しなくても自動的にお金が入ってくるので、気持ちの上でも安定します。また、この前に説明した株主優待と合わせて配当が入ってくると、ちょっとリッチな気分にもなれます。

配当がいくらかということは企業でも発表しており、決算書などを見ればわかりますが、115ページの「株探」のような株式の情報サイトを使えば、簡単に調べることができます。

これは、みずほフィナンシャルグループ（FG）の例ですが、直近の1株当たりの配当は85円です。つまり、この会社の株を1株持っていれば1年間に85円、100株持っていれば8500円の配当がもらえるということです。

年間の配当金額が現在の株価の何％になっているかを計算したものを「配当利回り」といいます。大企業が数多く上場する東証プライムの平均配当利回りは2・5％程度といわれています。

この時点で、みずほFGの株価は1965円、配当金は85円ですから、計算すると配当利回りは4・33％になります。なかなかの高配当ということになりますが、面白いのは、みずほFGの傘下のみずほ銀行で定期預金をするよりも、親会社のみずほFGの株を買ったほうが、はるかに利回りが大きいということです。

◆配当は、高利回りな収益源

株主配当の考え方は米国などでは当たり前でしたが、日本では企業はあまり積極的に配当政策に力を入れてきませんでした。

しかし最近の株式市場では、外国人投資家だけでなく、「年金積立金管理運用独立行政法人」（ＧＰＩＦ）のような公的な年金運用機関なども、上場企業に対して、より積極的な株主還元策を求めるようになっています。

ぶっちゃけいってしまうと、「もっと配当をよこせ！」と圧力をかけていることもあり、企業が株主に払う配当金は増加傾向にあります。

配当に関しては、市場で取引できる最低株数以下の株をつみたて投資でコツコツ買っている投資家にも、株数に応じて配当を受け取る権利があります。

つまり1株しかその会社の株を持っていなくても、その1株に対しての支払われる株主配当を受け取れるということです。

空前の低金利時代にあって、配当は日本国内では最高レベルの利回りを確保できる立派な収益源ということができるでしょう。値上がり益を狙えば一度に大きな利益を得られるかもしれませんが、配当はより確実に利益を得られる手段なのです。

Question 23

株価が急落したら大損するのでは?

◆長期投資なら自然にリスクを回避

株式市場は、過去何度かの経済ショックによって暴落したことがあります。左ページのグラフを見てもわかるように、ここ20年の間にも、リーマン・ショックやチャイナ・ショック、コロナ・ショックなど、度重なる経済ショックや、東日本大震災のような天災によって、株価が大きく下落しました。こういう状況を知っている人たちにとって、やはり株式投資は「怖いもの」という印象があると思います。

しかし、グラフを見てもわかる通り、度重なる経済ショックがあっても、株価はその後また回復し、再び上昇に転じています。日本だけでなく米国の株価もそうですが、長期のスパンで見ると、株式市場は上昇を続けています。株式市場が上昇を続けているからこそ、最大限ドルコスト平均法を生かすコツコツつみたて投資がいま人気を集めているのです!

株価は急落の危険性もある

株式市場はたびたび暴落の危機に見舞われてきた

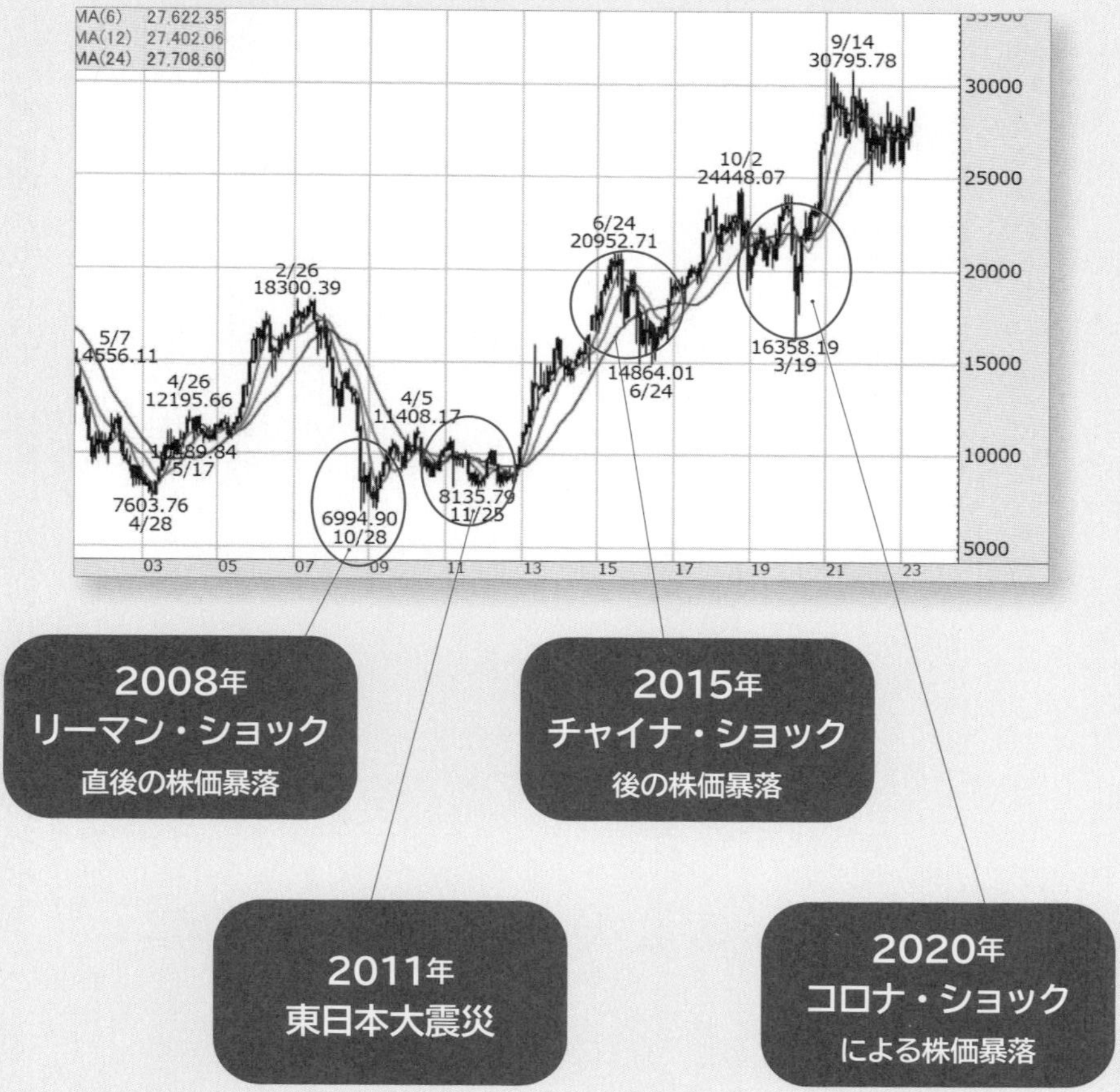

出典：株探（https://kabutan.jp/）

一度に多くの利益を得ようとして、短期の売買を繰り返していたりすると、逆に損失が拡大してしまったりします。経験を積んで、なおかつ専業で投資を行っている人は別ですが、多くの人は仕事を持っていて、日中の株価の動向などを見ている暇もないと思いますので、株式投資をするならやはり「長期投資」で行うべきでしょう。

長期投資を行うことで一時的に株価が値下がりしても、また時間をかけて回復していきますので、自然とリスクも回避されるのです。

◆逆指値《さしね》で「大損」を回避

技術的に損失を回避する方法もあります。それが「逆指値注文」というやり方です。

株式投資には、「指値注文」といって、「この金額まで上がったら十分利益が出たので売ります」という設定ができます。逆に、「これ以上下がったら損失が拡大してしまうので、その時点で売ります」という設定もできます。それが逆指値注文です。

逆指値設定をしておけば損はしますが、それほど「大損」はしないので、再び立ち直ることもできます。しかし逆指値の設定をせずにそのまま株価がどんどん下がり続けてしまったら、立ち直れないほどに大きな損失を抱えてしまうこともあります。もし大きな損失を出すのが心配な人は、このような逆指値のやり方も覚えておくといいでしょう。

覚えておきたい「損切り」

株価が一定以上下がったら強制的に売る

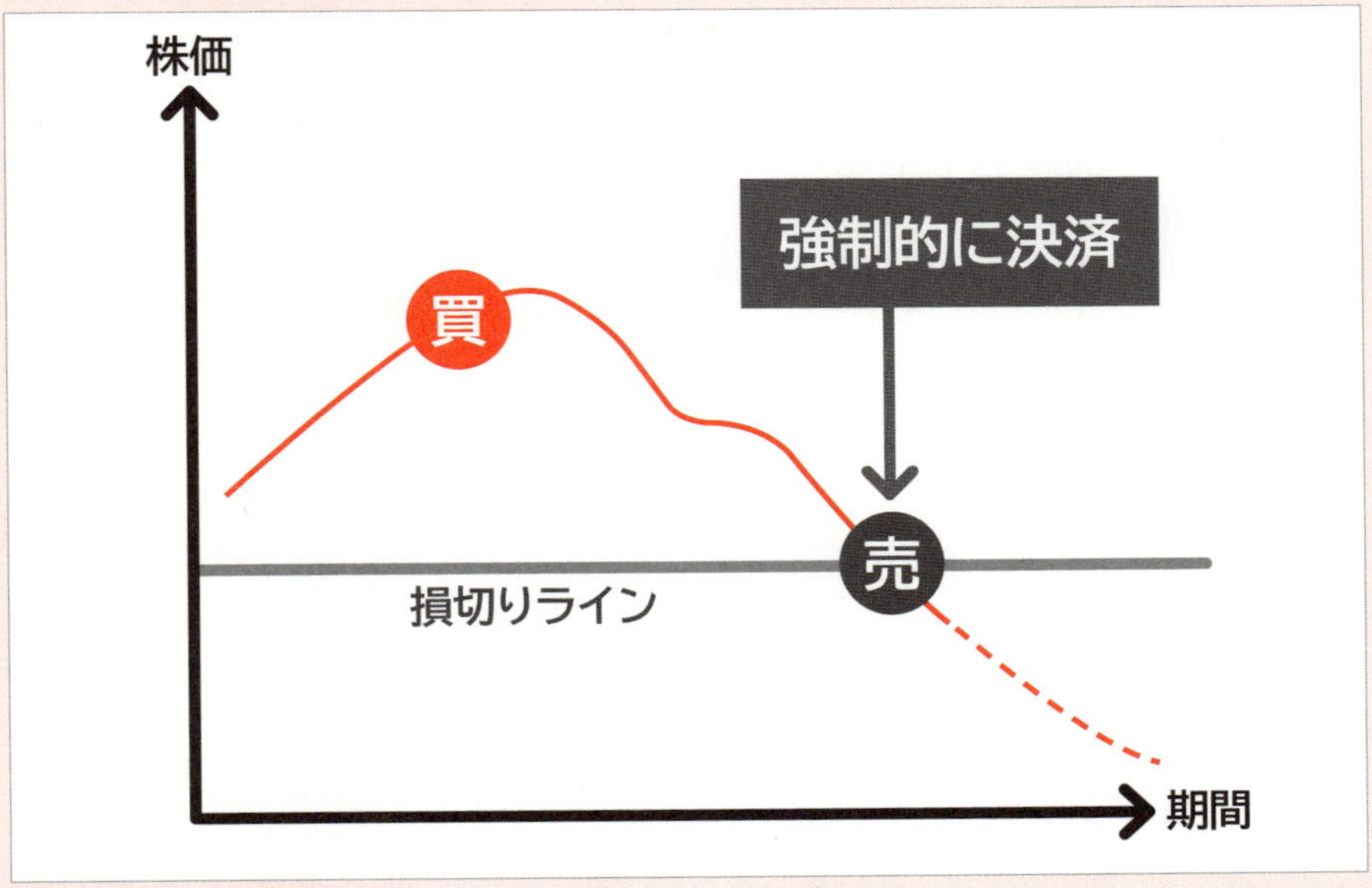

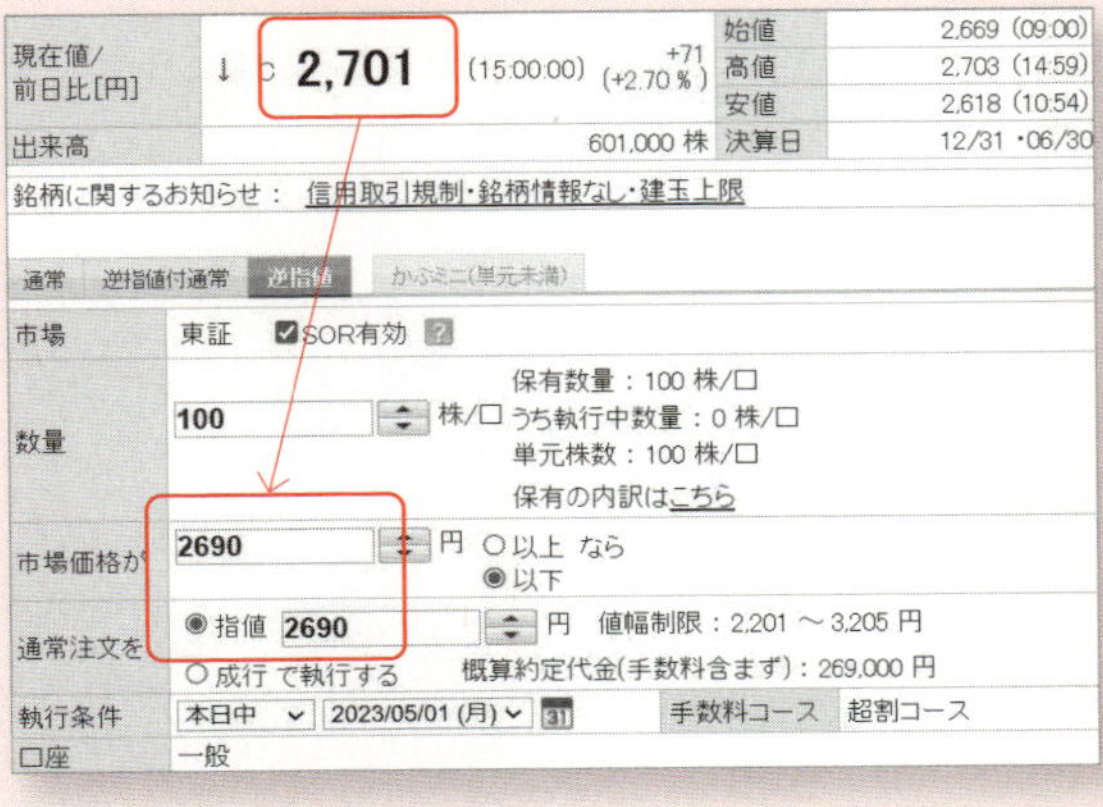

【逆指値】
2701円の株価が
2690円まで
下がったら
強制的に売る設定

Question 24

仕事があるから、日中は売買できないんですけど

◆株式投資でも「ほったらかし」は可能

仕事を持っている多くの人は、日中に株価の動向などいちいち見ている暇もないと思います。そういう人たちには、やはり長期投資がおすすめです。

長期投資に向いているのは、業績の安定した会社の株です。まだ上場したばかりのベンチャー企業や、赤字を続けて借金だらけの会社、今後は衰退していくだろうというような業界の会社の株などは、長期投資には向いていないといえます。

左ページのグラフは、「ａｕ」でよく知られているＫＤＤＩの株価チャートです。歴史も長く、これだけ多くのユーザーを持つ通信事業者ですから業績も安定しています。チャートを見ても基本的に右肩上がりで成長していますので、長期投資に向いているのはこういう会社の株ということになります。

仕事がある人には長期投資がおすすめ

長期で右肩上がりのKDDI（9433）の株価

株価は10年前の約1000円から
4倍（約4000円）に

1株当たり
配当
125円
（2022年3月）

●仮に1株買って10年持っていれば……

株の値上がり益⇒4000円－1000円＝3000円
配当⇒125円×10年＝1250円

値上がり益と配当の合計⇒4250円
（単位株＝100株なら42万5000円）
※配当は毎年増配を続けているので、実際はさらに多い

出典：株探（https://kabutan.jp/）

加えてKDDIは高配当株としても知られています。配当利回りは3%以上、直近で1株当たりの配当金は125円です。

仮の計算になりますが、この株を1株買って10年持っていれば、株の値上がり益は4000円−1000円＝3000円、配当は125円が10年続くとして1250円で、値上がり益と配当の合計は4250円。これを単位株＝100株で買っていれば、42万5000円の利益になります。実際、配当は毎年増配を続けているので、10年後に得られる金額はさらに多くなる期待が持てます。

このように、業績が安定していてかつ高配当など、株主重視の取り組みに前向きな企業の株を長期に持っていれば株価の値上がり益と配当金の両方の収益が入ってきますので、極端にいえば「ほったらかし」にしておいても勝手にお金が増えていくのです。

◆分散投資でリスクを回避

長期投資を行う際に、もう1つおすすめしたい投資法が「分散投資」です。

投資の世界では、「卵を1つのかごに盛るな」という格言があります。それは1つのかごに卵を入れた場合、そのかごを落としてしまったらかごの中の卵がほとんど割れてしまうということです。

分散投資のイメージ

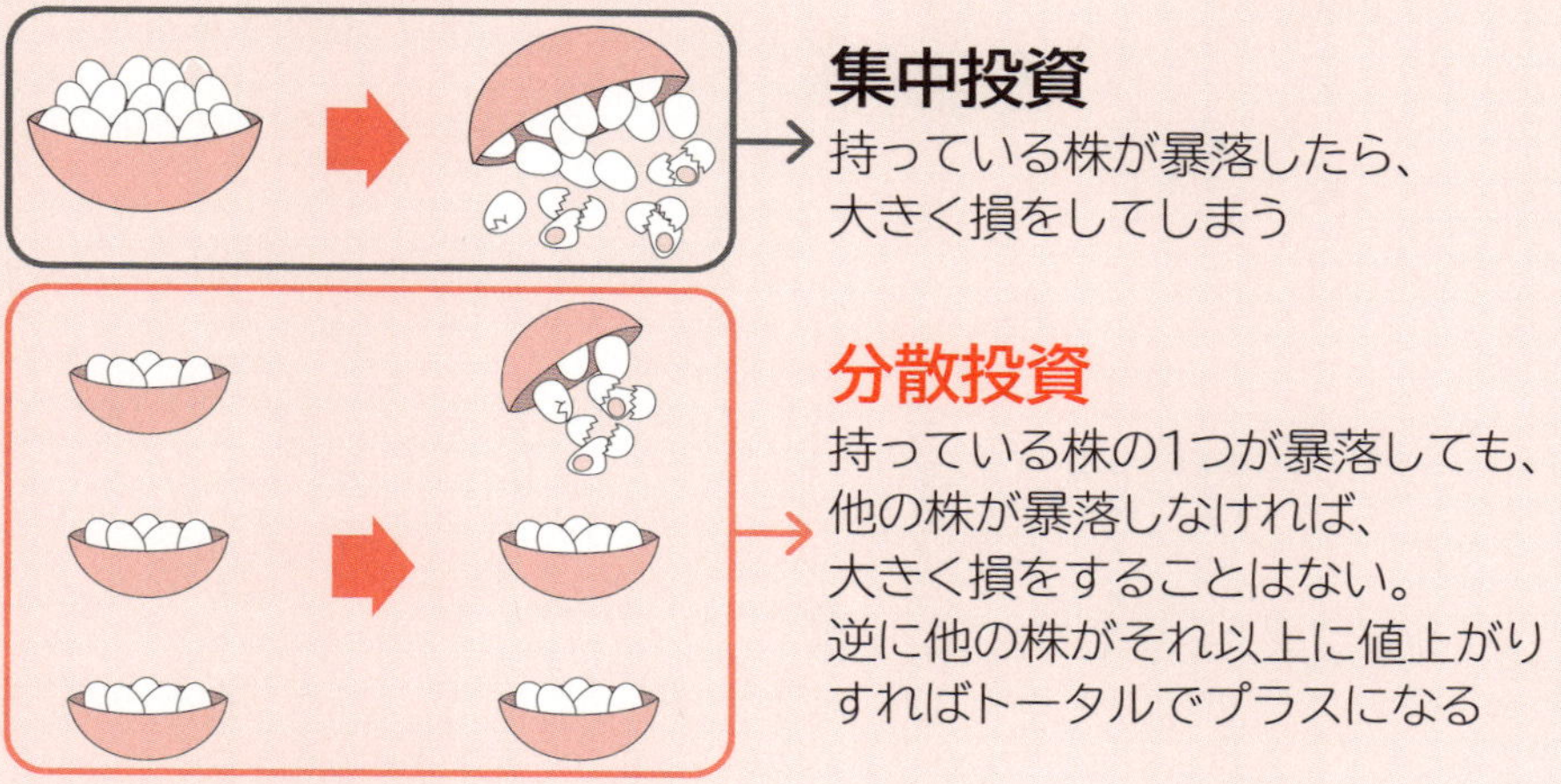
集中投資
持っている株が暴落したら、
大きく損をしてしまう
分散投資
持っている株の1つが暴落しても、
他の株が暴落しなければ、
大きく損をすることはない。
逆に他の株がそれ以上に値上がり
すればトータルでプラスになる

これをもし複数のかごに分けて入れておけば、1つのかごを落として卵がいくつか割れてしまったとしても、ほかの卵は残ります。つまり暴落のようなことがあっても大損はせずに、最小限の損で済むということです。これが分散投資の基本です。さらに、割れずに残ったかご、つまりは株価が値下がりしなかった株の中には、逆に株価が値上がりするものもあります。値下がりした株よりも他の株が大きく値上がりすれば、トータルで利益はプラスになります。

1つの銘柄に集中するのではなく、いくつかの株に分散的に投資をしておけば、大きな損をすることなく逆に利益を増やしていくこともできるのです。

Question 25

株でも「つみたて」ができるの？

◆株式投資でも「つみたて」ができる

株式投資でも投資信託のようにつみたて投資を行うことはできます。ただし、そのサービスを提供している証券会社や金融機関は、それほどたくさんはありません。

少額で株のつみたて投資ができるのは、ａｕカブコム証券の「プレミアム積立®（プチ株）」です。これは毎月、好きな銘柄を指定した日に指定した金額以内で買い付けて、プチ株®をつみたてていくサービスです。

月々の指定金額は５００円以上1円単位。ボーナスに合わせての最大年2回の増額設定も可能です。買い付けできる銘柄は約３２００銘柄で、つみたて買い付け手数料は無料です（同社Ｗｅｂサイトより）。買い付け代金の支払方法は、振り込み手数料がかからない銀行からの自動引き落としも設定可能で、使い勝手のいいサービスになっています。

つみたて投資のほうが儲かる？

株価の推移

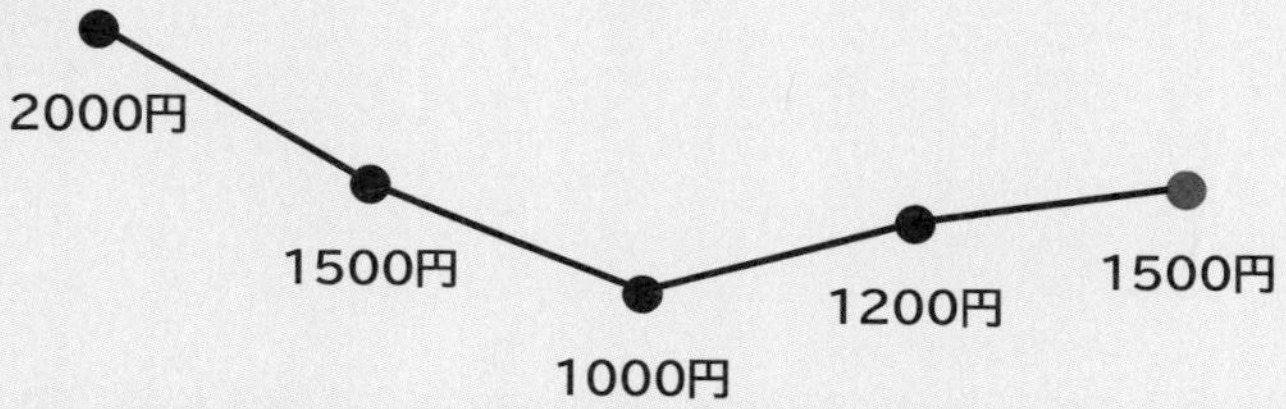

		1カ月	2カ月	3カ月	4カ月	5カ月
Aさん	投資金額	30万円				
	取得株数	150株				
Bさん	投資金額	6万円	6万円	6万円	6万円	6万円
	取得株数	30株	40株	60株	50株	40株

5カ月後の結果

Aさん

1500円×150株＝22万5000円
30万円－22万5000円
⇒7万5000円の損失

Bさん

1500円×220株＝33万円
30万円－33万円
⇒3万円の利益

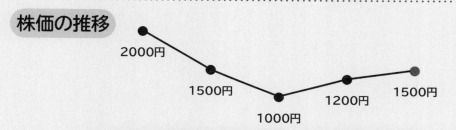

◆成長を続ける米国株へのつみたて投資も

このほか、野村證券、SMBC日興証券、大和証券などでは、株式累積投資（るいとう）という株式のつみたて購入サービスを行っています。

「るいとう」とは、毎月定額で株式を購入する投資方法のことで、1銘柄につき月々1万円以上1000円単位の一定額（上限100万円未満）で同一株を買い付けるものです。

「るいとう」のいいところは、少額でも複数の銘柄に投資できる、つまり分散投資が可能になるということです。

また、一定金額ずつ購入する例の魔法の安全装置、「ドルコスト平均法」が使えるので、株価の動きやタイミングをとくに意識することなく、効率的な買い付けができます。配当金なども自動的に全額再投資されますので、「ほったらかし投資」には最適です。

少額での株式投資でネックだったのは、配当がもらえても優待など株主としての権利が得られなかったことです。しかし「るいとう」の場合は、株数の数が単元となった場合、株式累積投資口座から証券取引口座へ自動的に振り替えられ、株主としての権利が得られます。株主優待の楽しみも加わるだけでなく、株主総会への参加や議決権行使などもできるようになるわけです。

株式投資でもつみたてはできる

サービス自体は
少ないですが
株でもつみたて
投資は可能です！

このほか、クレディセゾンが提供する、カードで株式の売買ができる「株つみたて（セゾンポケット）」や、楽天証券の「米株積立」などは、ポイントの利用も可能です。たとえば楽天証券の場合は、楽天グループの会社で買い物をしたりして獲得したポイントを、米株投資の買い付けに加えることもできます。

米国株というと難しそうに思えるかもしれませんが、米国株の代表的なＮＹダウ平均、Ｓ&Ｐ５００、ナスダック総合指数という三大指標は、何十年も長期的な上昇が続いていて（もちろん一時的な下落はありますが）、現在も過去最高値を更新中です。つまり、日本株以上に安定的に資産を増やすことができるのです。

始めてみよう！
株式つみたて

日本株、米株などで
株式のつみたて投資ができる
サービスを紹介します

（参照：各社Webサイト）

株つみたて（セゾンポケット）

https://www.saison-pocket.com/stock/

つみたて金額	**5000円**から（カード払い）
手数料	売買ともに取引金額の**0.55%**（税込）
配当金	**もらえる**
その他	**ポイント利用可能**

大和証券／るいとう（株式累積投資）

https://www.daiwa.jp/products/equity/rui/

つみたて金額	1銘柄につき**1万円以上1000円単位** （月間100万円に満たない範囲）
手数料	・1株式累積投資口座管理料（事務手数料） ・委託手数料
配当金	**もらえる**
その他	単元株数に達した場合、投資家名義になり **議決権や株主優待などの権利も受けられる**

楽天証券／米株積立

https://www.rakuten-sec.co.jp/web/us/saving/

つみたて金額	最低投資金額は日本円換算で**3000円**程度
手数料	約定代金の**0.495%**（税込） 上限は**22米ドル**（税込）
配当金	**もらえる**※配当金対象銘柄の場合
その他	**ポイント利用可**（円貨決済のみ）、 クレジットカード決済不可

Question 26

株で大儲けした「億り人」ってどんな人たち？

◆200億円以上の資産を築いた人も

「億り人」とは、株式投資や暗号資産取引などで大きな利益を上げ、億単位の資産を築いた投資家のことをいいます。「億り人」という呼称は、2008年公開の映画『おくりびと』のタイトルをもじった造語です。

有名な億り人には、総資産額を200億円以上に増やしたといわれるcisさんや五味大輔さん、BNFさん、元芸人から投資家に転身し、株式投資で運用資産30億円を突破した井村俊哉さん、最近マスコミなどにもよく登場し、50億円の資産を築いたといわれるテスタさんらがいます。それだけのお金を持っているなら、あとはもう遊んで暮らせるのではないかと思いますが、億り人といわれる多くの投資家の皆さんは、巨額の資産を築き上げたあとも投資を続けています。

億り人の投資手法を学ぶ

億り人の人たちに共通していえるのは、投資に対する大変深い知識を持っているということです。中には銀行や証券会社のような金融機関にいた方もいるようですが、さまざまな先人たちの投資手法を研究して、独自の投資手法を編み出した億り人もいます。

投資経験も長く、リーマン・ショックをはじめとする多くの経済ショックや暴落も経験してきているので、景気や為替の変動などで相場が動いたときにも、冷静に対処することができます。

私たちのような一般の投資家が、こうした億り人たちのように、株式投資で大きな利益を得ることはなかなか難しいですが、その投資手法を学ぶことはできます。

億り人の中には、「Twitter などのSNSや、YouTube の動画などを使って、ご自身の投資手法を紹介してくれたり、注目している銘柄を教えてくれたりもしています。動画やブログの解説の中には、わかりやすい説明で、難しい投資の本を読むよりもすんなり頭に入ってくるものも多くあります。

ちゃっかりした投資家の人たちの中には、「コバンザメ手法」といって、億り人のような有名な投資家が Twitter で紹介している銘柄にそのまま乗っかる人もいます。つまり、大きなサメの腹にくっついて外敵から身を守るコバンザメのように、有名な億り人の注目銘柄を狙って売買をする投資法です。

たしかに億り人といわれる有名な投資家の方々は、裏付けなしに安易に銘柄名を出すようなことがないので、そのようなコバンザメ手法もある程度成功する確率は高いといえます。しかし基本的に、億り人のような人たちは、お金の余裕、時間の余裕、すべてにおいて、自分とは違うと考えたほうがいいと思います。

つまり、億り人と同じような投資をすることは、自分には無理だと考え、むしろ「自分らしい投資法」をこの本で見つけていただければと思います。

Chapter 5

株や投信以外に投資できるものってあるの？

Question 27

戦争や経済ショックにも強い金融商品ってありますか？

◆株式はリスクがあり、国債は利益が少ない

投資のリスクが怖いという人は銀行の定期預金にしておいても構わないのですが、先にお話ししたように、０・01％程度の超低金利の中では、お金を預けておいてもほとんど増えることはありません。

また、同じく安全な資産といわれている国債なども、やはり大きくお金を増やせる金融商品ではありません。

しかし株式などに投資していると、どうしても予期せぬリスクを避けられないことがあります。

コロナ・ショックやロシアによるウクライナへの侵攻、また東日本大震災のときのような天災などがあると、株式のような金融商品は価格が暴落します。そういうリスクが怖い

金（ゴールド）は国際情勢が不安定だと値上がりする？

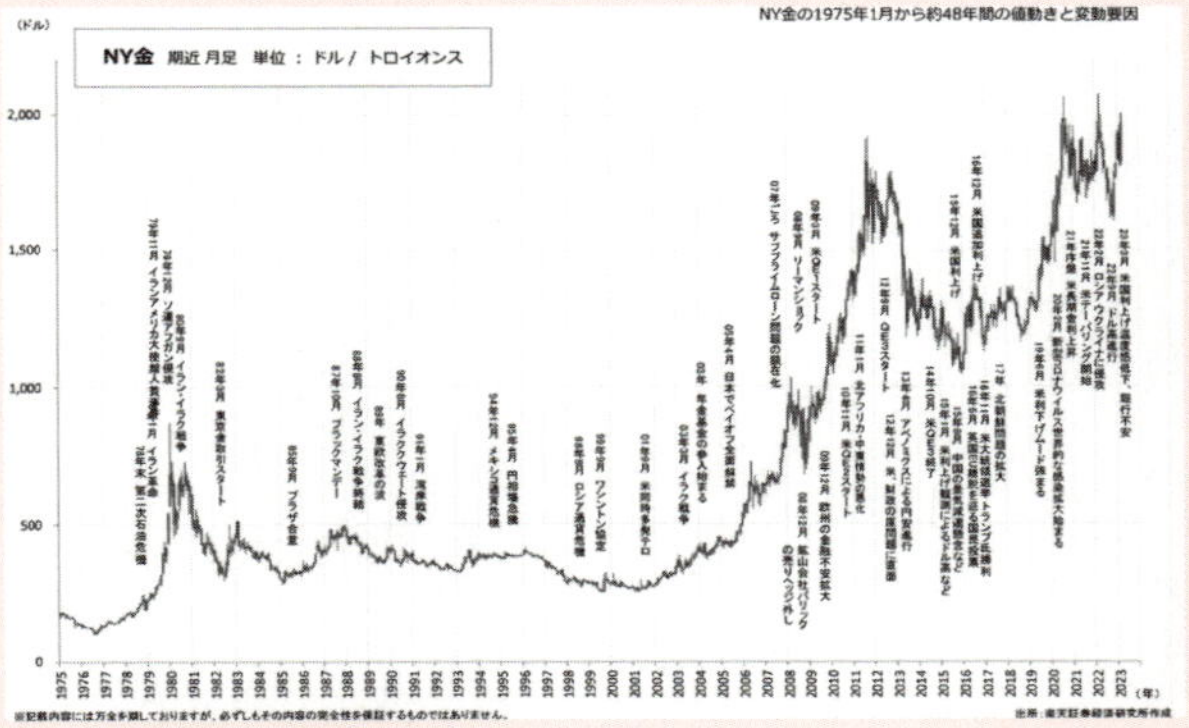

楽天証券Webサイトより

という人におすすめなのが、金（ゴールド）です。

「私、財産の一部をゴールドで持っているの」なんてさりげなくいうと、大金持ちと間違われそうですね。

とはいえ、「株や投資信託はともかく、金に投資するほどお金はないし」と踏ん切りがつかない人もいるでしょう。

でも、ほんの少しでもいいので、金に投資しておくと、もしもの備えになることだけは確かです。

◆金は将来のための資産防衛策

金は人類文明の歴史が始まった頃から、富の象徴として崇《あが》められてきました。

株や投資信託は、しょせん有価証券とい

う「紙切れ」にすぎません（現在はデータ化されて、紙ですらないですが）。投資する会社が潰《つぶ》れたり、日本円という通貨が信頼を失ったりすると、限りなく無価値になってしまう可能性もあります。

そんな「紙切れ」と違い、金にはそれ自体に価値があり、金の価値は市場価格の上げ下げは別にして、どんなことがあっても質・量は目減りしません。

「有事の金」という言葉があるように、金融恐慌や経済危機、国家破綻や戦争、テロ、天変地異といった危機に見舞われ紙幣価値が危ぶまれるときこそ、なおさら輝きを増すのが金の魅力といえるでしょう。

137ページのグラフを見ていただくとわかるように、むしろ有事のときのほうが、金価格は上がっているのです。

なんていうと、ホラー映画かオカルトの世界のように聞こえるかもしれません。でも、世界の情勢に限らず、日本の将来のことだけを考えてみても、誰もがちょっと不安になるはずです。

日本は深刻な少子高齢化が進み、社会保障費や医療費は増加の一途をたどっています。国と地方が抱える借金は1000兆円以上と、GDP（国内総生産）の2倍を軽く超えています。

国の金融政策は限界に達しているといってもいいと思います。

もし今、金融政策を行っている日銀が「もう国債を大量に購入したり、株を買い支えるのをやめた！」といって政策を転換したら、きっと日本国債も株価も大暴落して大変なことになるでしょう。日本円に対する信頼が失われて、ハイパーインフレに襲われる危険性もあります。

そんな危機的な状況になれば、自然と価格は上昇し、いざというときに頼りになるのが金という財産なのです。

資産の一部を金で持つことは、将来の自分と大切な資産に保険をかけるという意味で実は重要な防衛策といっていいと思います。

Question 28

純金の投資って難しくないですか？

◆金の購入方法は主に4つ

金の購入方法は、左ページに示したように大まかに４つあります。

直接貴金属店で金を買う方法、金《きん》地《じ》金《がね》を購入する方法、金ＥＴＦを購入する方法、そして純金つみたてです。

金に投資しようといっても、そもそも金の値段が一体いくらくらいなのか、すぐに答えられる人は少ないはずです。２０２３年４月末の時点で、大手貴金属販売会社が提示している18金の金の税込み小売価格は、およそ1グラム＝７０００円程度になっています。

最低5グラムから買えるので、手数料を入れても3万５０００円前後から金を買うことができるということです。５グラムの金というと、肉眼で見るとほんのわずかではありますが、もっと高いと思っていた人も多いのではないでしょうか。

金（ゴールド）の購入方法

1 貴金属店で金貨を購入

●一般の貴金属店で買う場合は本物かどうかを見極める
●金貨は特殊な細工が施してあるので金地金より割高

2 金地金を購入

●直営の店舗や電話で購入可
●500g未満の売買には手数料がかかる

3 金ETF（上場投資信託）で購入

●株式と同じように売買できる
●金の現物と交換できない金ETFもある

4 純金つみたてで購入

●貴金属メーカー、地金商、証券会社、銀行などで購入
●買い付けにはドルコスト平均法を採用

参照：三菱マテリアル「GOLDPARK」(https://gold.mmc.co.jp/)

金ETFや純金つみたて
などの方法でも、
金を購入できます

◆好景気でも不景気でも金価格は上昇

富や大金持ちの象徴としてよく登場するのが「金の延べ棒」です。投資の世界では、この延べ棒を「金地金」とか「ゴールドバー」「インゴット」と呼び、現物の金を買うときはこの金地金を買うことになります。

1グラム7000円の地金の延べ棒1キログラムの値段はその1000倍なので、700万円！　死ぬまでに1本ぐらいは持ってみたいものですね。

金はお金や株券のように「紙切れ」になることがなく、それ自体に価値があるのが特徴です。

そのため、金の価格が上昇するのは、極論すると「ライバルであるお金や株券に紙くず化するリスクが高まったとき」です。

金が値上がりする要因は次の4つです。

●世界的に経済危機や金融不安が高まったとき
●戦争やテロ、政情不安が起こったとき
●インフレ＝物価上昇が起こって、ものの値段が値上がりするとき
●好景気になって資源価格が上昇するとき

株は景気がいいときに上がり景気が悪いと下がるのが基本的なしくみです。反対に米国債などの信用力が高い債券は、景気がいいときは下がり、不景気になると値上がりします。金の価格は、景気が過熱して、ものに対する需要が高まり、相対的に紙のお金の価値が下がると上昇しやすくなります。また、不景気というか世界中がパニックになるような経済危機や政治不安のときにも値上がりします。

ただし、金にも弱点はあります。株は配当、債券は利息という形で保有している限りは毎年定期収入を得ることができます。

それに対して金には利子も配当もありません。つまり保有していても値上がり益以外は望めないのです。世界的に平和で穏やかな経済状況が続いているときは、あまり魅力のない金融商品といえます。平和なほうがいいのはいいのですが……。

また、金というのは、金融商品のジャンルでは商品コモディティに属しています。金のほかには原油や鉄鉱石といった鉱物資源、銀やプラチナといった貴金属、大豆や、トウモロコシといった農産物がコモディティ市場で取引されています。

コモディティ市場の値動きは、株などに比べても激しく暴騰や暴落を繰り返します。金の価格は比較的穏やかなほうですが、やはりハイリスクな金融商品であることは理解したうえで投資しましょう。

Question 29

FXって何ですか?

◆海外旅行の両替感覚で

FXはForeign Exchange(外国為替)の略で、ある国の通貨を別の国の通貨に交換することです。海外旅行でアメリカに行くとき、日本円を米ドルに両替しますよね。その感覚です。よく海外旅行に行く人なら、たとえば10万円を米ドルに両替するとき、730ドルくらいのときもあれば、700ドルくらいのときもあることに気づくはずです。これがFXの儲けのしくみです。左ページのように円高のときにドルで円を買って、円安になったときに売れば、その差益が利益になります。逆に円安のときに売って円高のときに買っても、やはり利益になります。

1円の差益でも売買単位が10万円なので、10万円の利益になります。しかし、反対に為替の動きを読み誤ると、損失になります。

FXのしくみ

わずか1円の為替レートの変動で大きな利益が得られる

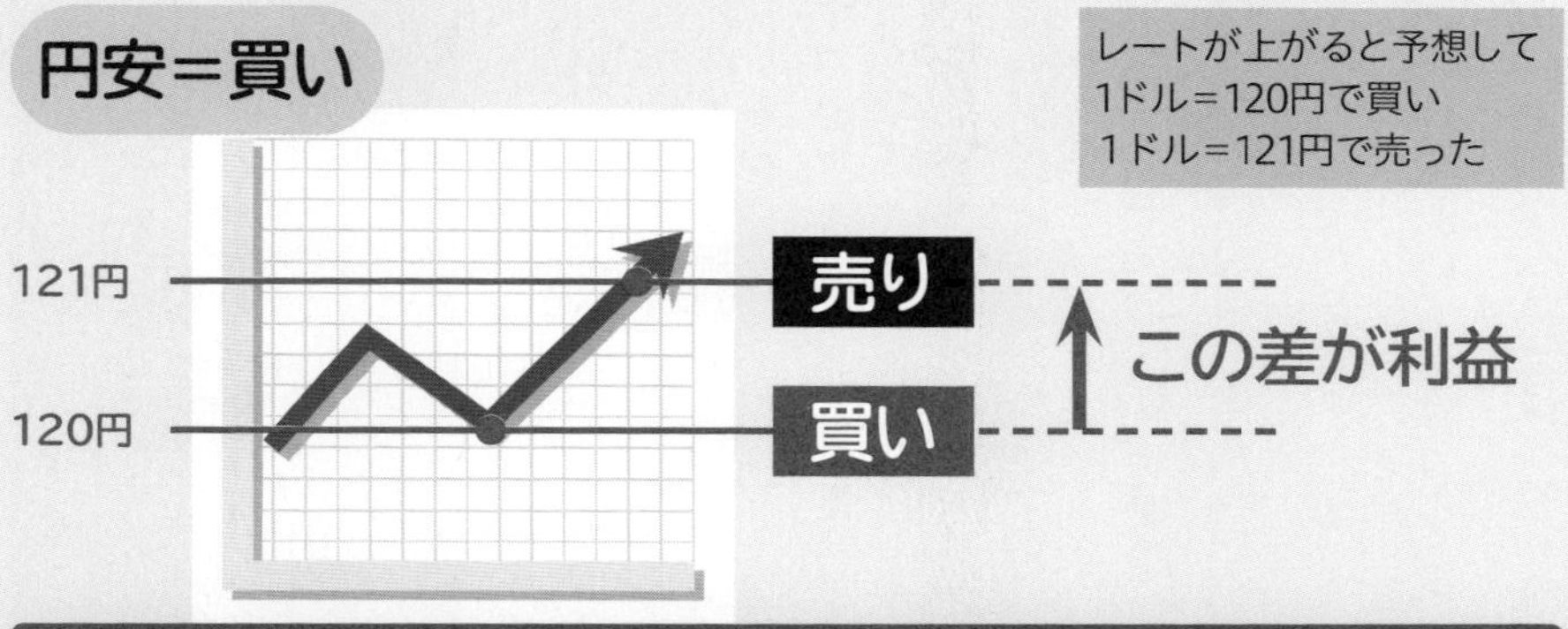

（121円－120円）×1万通貨＝10万円の利益

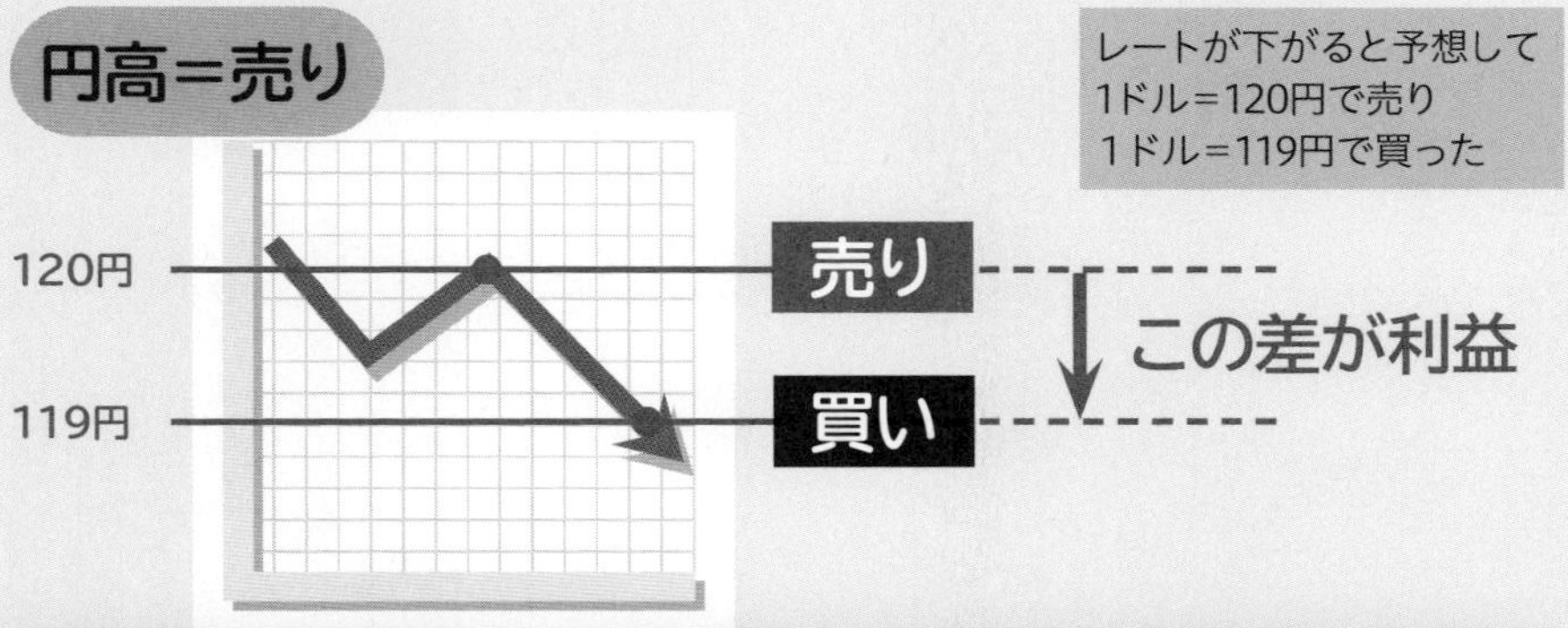

（120円－119円）×1万通貨＝10万円の利益

1万通貨は最低取引単位

Question 30

暗号資産って何ですか？

◆値下がり（値上がり）リスクやハッキングにも注意

暗号資産は、一時期は仮想通貨などといわれていました。売買の仕方は基本的に株やFXと同じです。ビットコインやイーサリアムといったいろいろな暗号資産があり、たとえば、ビットコインが安いときに買って高いときに売れば値上がり益が出るしくみです。

暗号資産は「レバレッジ」といって、少ない元手の何倍もの資金を投資できるため、一気に大きな利益を得ることもできます。これはFXも同様です。しかし、レバレッジはその分損失も現物以上に大きくなるので、あまり投資に慣れていない初心者の方にはおすすめできません。

本当の余剰資金を使い、「現物」で買い、子供や孫の世界では暗号通過が常態化してすごいことになっているかも？　なんてくらいの付き合い方が良いかもしれませんね！

暗号資産のレバレッジ

元手の資金より大きな金額で取引できる

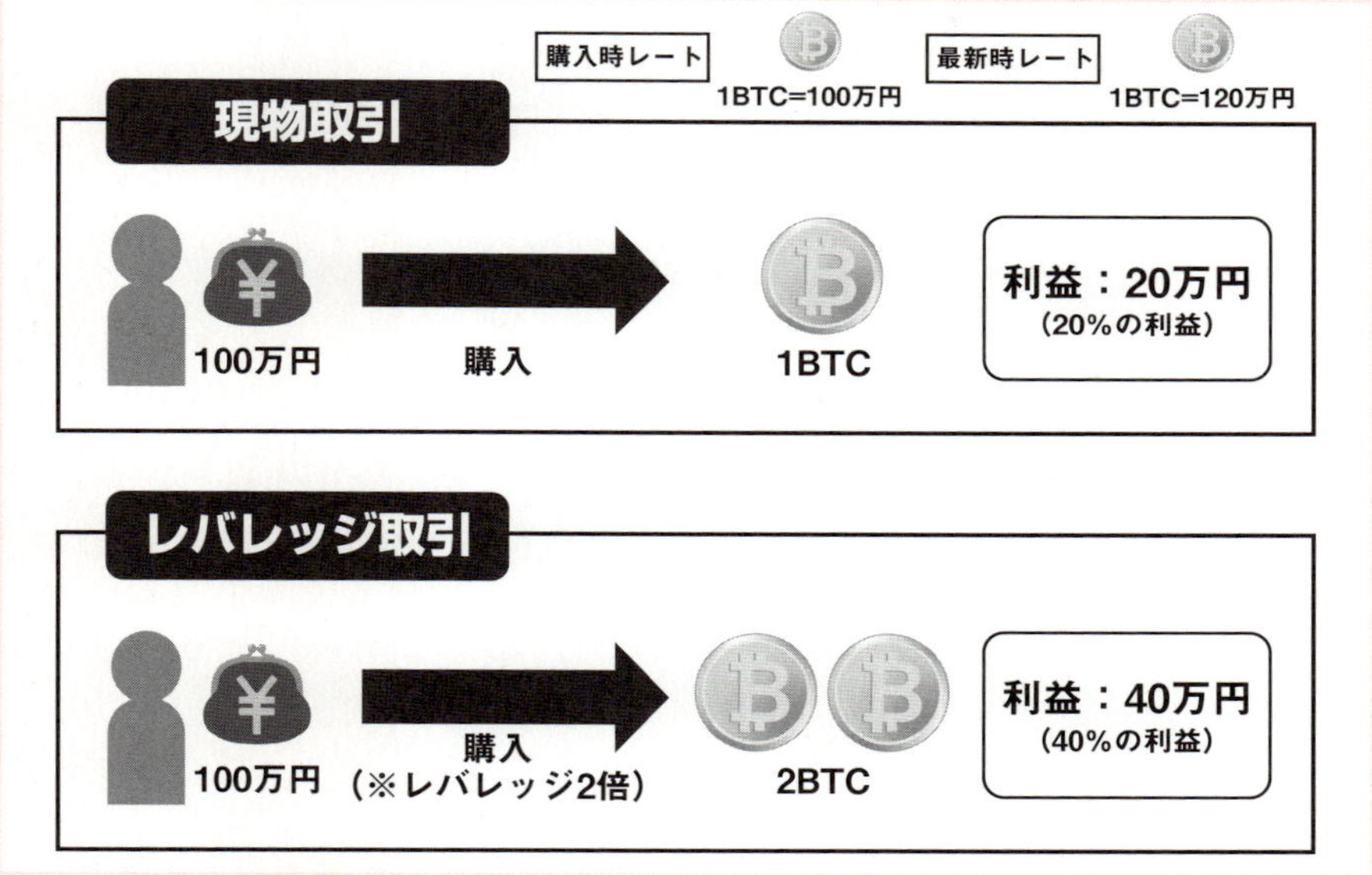

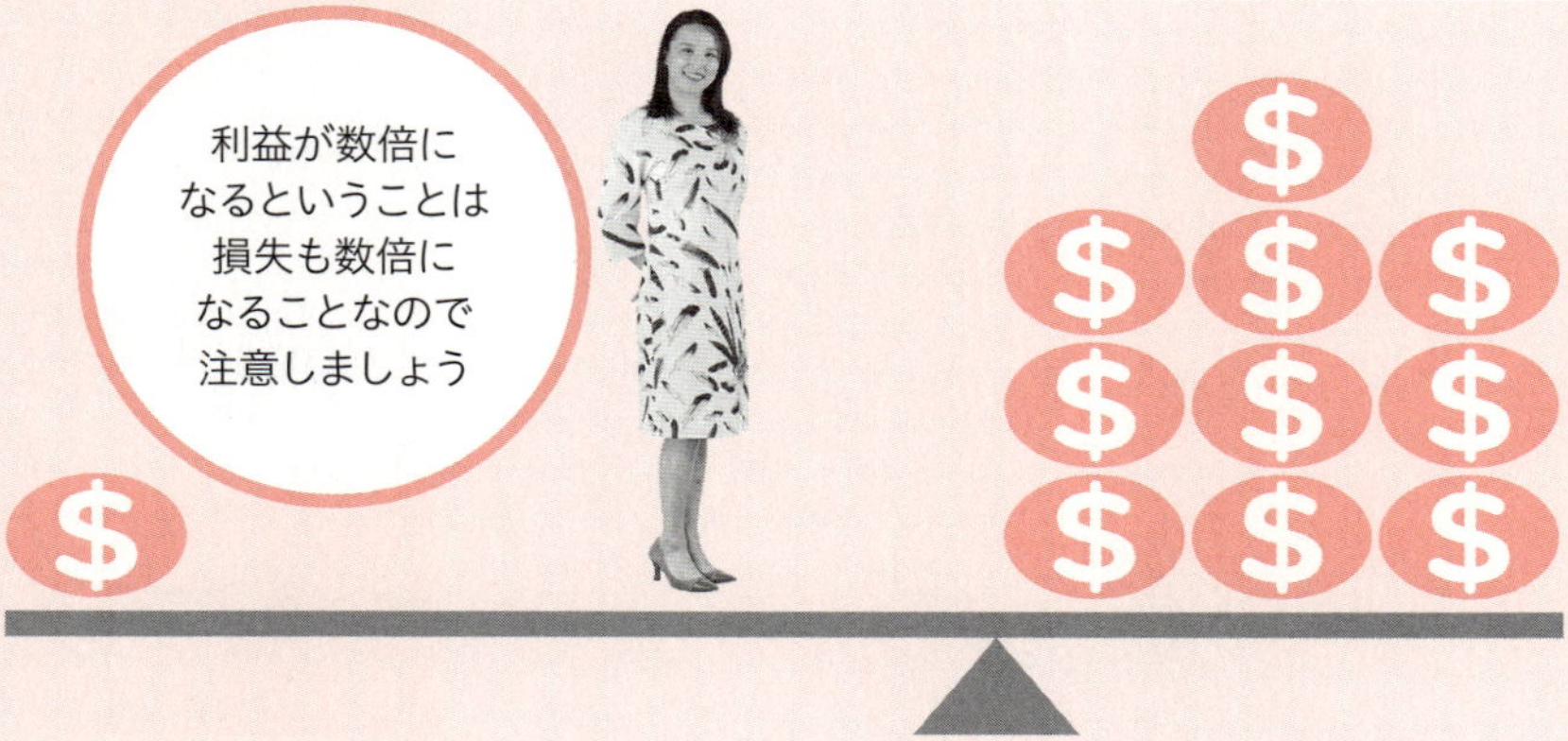

Question 31

不動産投資ってどんなもの？

◆安定投資でも、まとまった初期費用が必要

不動産投資で利益を得る方法は2つあります。1つは、マンションなどを購入して、その物件を貸し出し、家賃収入を得る方法です。初期費用はまとまった金額が必要ですが、そのあとは安定した家賃収入を得ていくことができます。ただし、気をつけなければいけないのは、家賃の設定です。高すぎると入居者に敬遠されますし、安すぎるとローンの返済とメンテナンスなどの費用が家賃収入を上回ってしまい、利益を出すことができません。

もう1つの方法は、株式などと同じように物件を売ってその売却益を得ることです。しかし、不動産は基本的に時間とともに老朽化していきますので、購入価格よりも値段が下がってしまうことがありますので気をつけましょう。

不動産投資に興味のある方には、ＲＥＩＴ（不動産投資信託）もおすすめです。

不動産投資で得られる収入は２種類

確実に利益を得たいならインカムゲイン

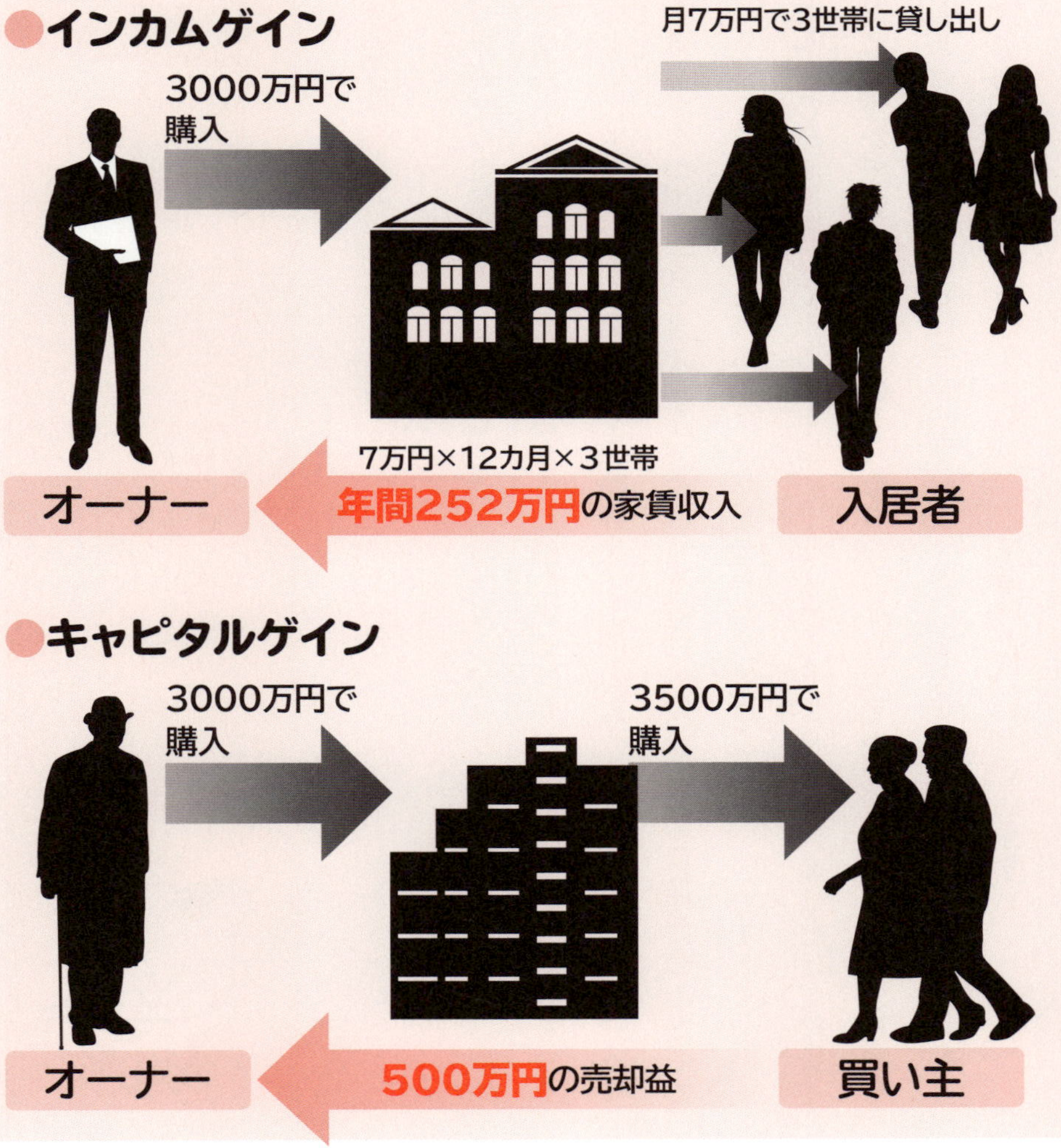

Question 32

素人が買っても比較的安全な商品は？

◆王道は投資信託の長期つみたて

ここまでさまざまな金融商品をご紹介してきましたが、やはり初心者が買いやすいもの、買っても安全なものと、うっかり買ってしまうと損をする確率が高くなってしまうものがあります。かといって、銀行の定期預金や保険商品、国債のような安全な商品ばかり買っていたらお金はなかなか増えていきません。やはり王道は、投資信託を長期につみたてていくことでしょう。また、株式も基本的には長期つみたてで行うのがいいですが、余裕資金のある人は個別の株に投資してみるのもいいでしょう。ＦＸや暗号資産などは、投資というより投機というかギャンブルに近いようなものになりますので、初心者にあまり強くおすすめはしません。不動産投資は安定していますが、まとまった初期投資が必要になりますので、資金的に余裕のある方はチャレンジしてみるといいと思います。

初心者でも買える！投資商品まとめ

ここまで紹介してきた商品の中で
初心者でもできる投資商品をまとめました

投資信託（ファンド） 株式投資（個別株） 債券投資 純金つみたて 不動産投資 FX（外国為替） 暗号資産

投資信託（ファンド）

株式投資の概要	投資家から集めたお金をまとめ、ファンドマネジャーなどの専門家が株式や債券などに投資して運用する商品
期待できる利益	運用で得られた利益が、投資額に応じて投資家に分配される
リスク	ファンドの価格が投資額を下回って損をすることもある

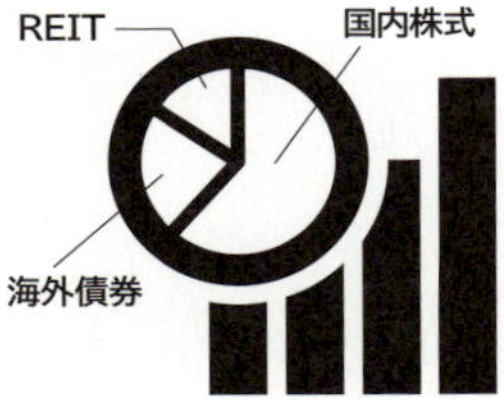

長期・分散・つみたて投資も可能!!

株式投資（個別株）

株式投資の概要	個別の企業の業績や将来性などを考えて投資。投資信託よりリスクは大きいが、その分大きなリターンも期待できる
期待できる利益	株価の値上がり益に加えて配当や株主優待などのメリットも
リスク	経済ショックや企業の倒産などで株価が下落し、損をするリスクも

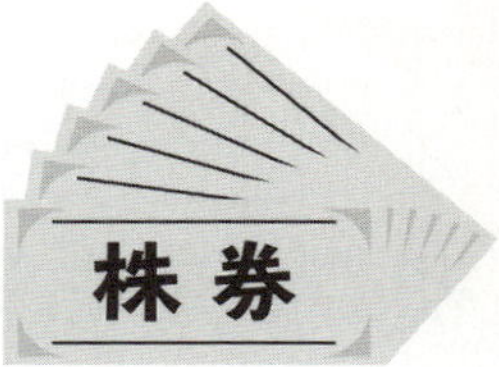

1株1000円程度でも購入できる！

債券投資

債券投資の概要	国が発行する国債や、会社が発行する社債に投資。株式投資よりリスクは少ないが、大きな利益は期待できない
期待できる利益	リターンは小さいが比較的安全性が高いので確実に資産を増やせる
リスク	海外の国債の中にはデフォルトの危険性があるリスクが高いものも

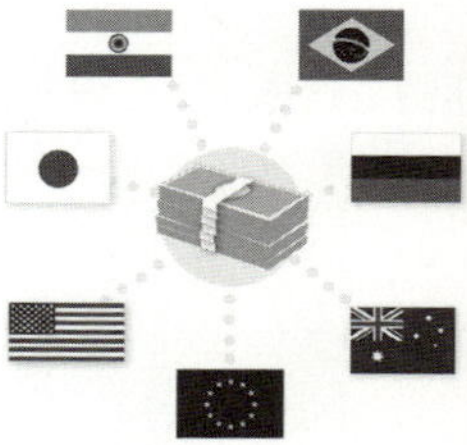

ハイリスク・ハイリターンな債券も！

純金つみたて

純金つみたての概要	毎月一定額、継続して金を購入。購入額の総額より売却したときの額が高額なら利益が出せる（手数料を除く）
期待できる利益	金価格は長期安定的に上昇し、経済ショックなどの有事にも強い
リスク	金価格の変動に加え、運営会社の倒産というリスクにも注意

経済ショックや戦争などの有事に強い！

不動産投資

不動産投資の概要	マンションなどの不動産を購入してオーナーになり、物件を貸し出して家賃収入を得る。初期費用が大きい
期待できる利益	家賃収入と、物件そのものを売却したときの売却益の両方
リスク	メンテナンス費用などに加え不動産の老朽化で価格が下がることも

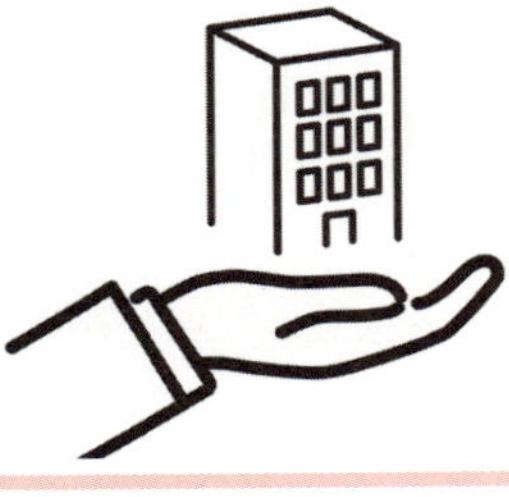

まとまった初期費用が必要！

ＦＸ（外国為替）

ＦＸの概要	「円安・ドル高で買い、円高になったら売る」というように、海外の通貨を売買し、差益を狙う取引
期待できる利益	為替差益で利益を得る。レバレッジを効かせて利益を増やすことも
リスク	当然、為替差損が生じる可能性もある。レバレッジで損失拡大

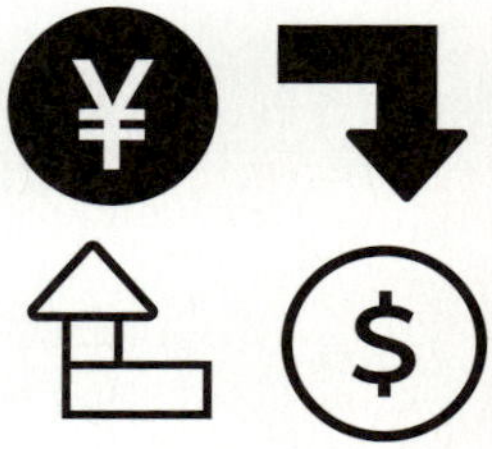

海外旅行の「両替」が基本的考え！

暗号資産

暗号資産の概要	かつての呼称は「仮想通貨」。ビットコインなどの暗号資産に投資して株式などと同様、キャピタルゲインを狙う
期待できる利益	レバレッジを効かせて一度にかなり大きな利益を得る期待も
リスク	価格変動が大きいので投資のタイミングによっては大損の可能性も

初心者には少しリスクが大きいかも！

Chapter 6

NISAとiDeCoってお得なの？

Question 33

NISAって一体何がお得なの？

◆投資で得た利益にかかる税金が「ゼロ」に！

日本では投資をしても、儲けた利益に対して20・315％の税金がかかります。10万円の利益が出たら、2万315円は税金として取られてしまいます。100万円の利益が出たら、実に大手企業の初任給並みの20万3150円が税金として取られてしまうのです。これは株式の配当や、投資信託の分配金などの場合も同様です。

しかし、この利益にかかる税金が年間一定の投資額で全くの非課税になるのがNISA、つみたてNISA、そしてiDeCoという制度です。

◆非課税枠はさらに拡大、期間も延長

まずはNISAについてお話ししたいと思います。

投資の２つの利益にかかる税金が「タダ」になる

❶値上がり益

❷分配金＆配当金

この２つにかかる税金が非課税！

具体的にはこんなイメージでお得

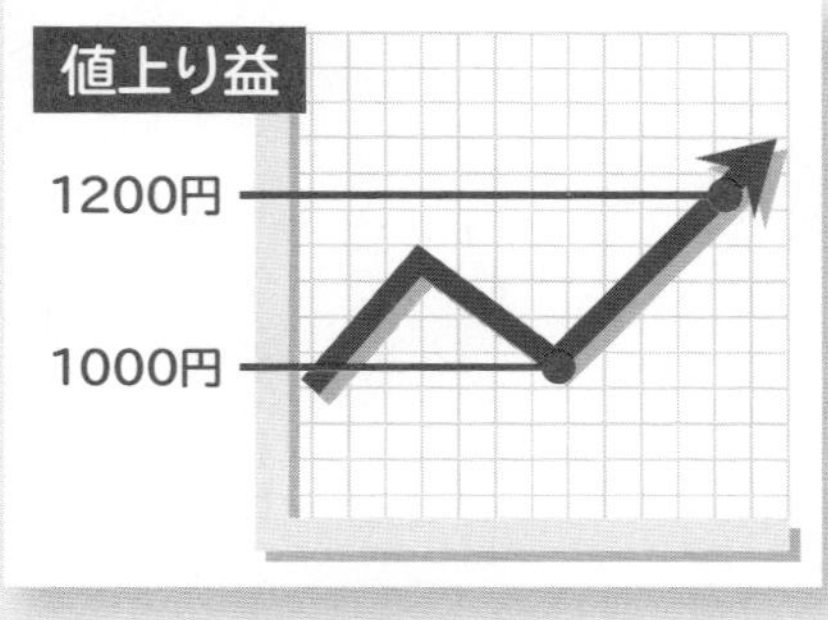

値上がり益は200円
▼
税率は20.315%
▼
4063円の税金が取られる

（※単位株＝100株で買った場合）

1万円分の配当
▼
税率は20.315%
▼
2031円の税金が取られる

これがNISA、iDeCo、つみたてNISAなら

税金は0円!

ＮＩＳＡは現状では、一般ＮＩＳＡとも呼ばれています。これは、つみたてＮＩＳＡと区別するためですが、２０２４年からはＮＩＳＡとつみたてＮＩＳＡは１つになります。

ＮＩＳＡが税金面でどれくらいお得なのかを見ておきましょう。

年間１２０万円を上限に、株や投資信託に投資することができ、その投資から得られる株の値上がり益や配当金、投資信託の基準価額の値上がり益や分配金に、最長５年間、いっさいの税金がかかりません。

毎年限度額いっぱいの１２０万円をＮＩＳＡ口座で投資して、それを５年間続ければ、最大で６００万円分（１２０万円×５年間）の投資を非課税枠で行うことができます。

さらに２０２４年からはＮＩＳＡ制度が新しくなり、投資限度額や非課税期間も大幅に増えます（詳しくは１６３ページの表参照）。

また、現行の制度では、この投資枠はその年に使い切らないと翌年に持ち越せませんでしたが、２０２４年からの新制度では、余った投資枠を翌年に持ち越せるようになりました。

現行のＮＩＳＡ制度を最大限活用する場合は、高配当株に投資して高額の配当を５年間非課税でもらい続けたうえに、投資期間ギリギリの５年後に上昇した株を売却して、値上がり益も非課税もまるまるゲットするのがベストな方法です。

そして、2024年からは、その5年間という縛りを気にしないで非課税のメリットを満喫することができます。

◆これからの投資はNISA口座で行うのが「常識」

いずれにしても、このようなお得な制度を利用しない手はありません。とくにこれから株や投資信託を始めるなら、「NISA口座で行うのが常識」と考えて、すぐにでも口座を開くようにしましょう。

口座の開き方は32ページで説明していますが、今、証券会社に口座の開設を申し込むと、だいたいNISAや、つみたてNISA、iDeCoについても「一緒に加入しますか？」という案内が来ますので、その案内通りに手続きをすれば、簡単に口座を開設することができます。

また、今口座を開設しておけば、2024年からは自動的に新NISAの口座に移し替えられますので、2024年まで待つ必要はありません。

ただし、今NISA口座を持っている方は、2024年からの新制度では、別のNISA口座という扱いになりますので、現状の投資内容を引き継ぐことはできません。新NISA口座に新たに入金して投資を始める形になりますので、注意しましょう。

Question 34

NISAとつみたてNISAの違いは？

◆つみたてNISAは息の長い制度！

ＮＩＳＡは開始当初、それほど大きな投資ブームが起こらなかったこともあり、２０１８年から新たにつみたてＮＩＳＡがスタートしました。こちらは年間の投資枠が40万円、投資枠の上限はＮＩＳＡの３分の１ですが、その代わり最長20年もの間、非課税で投資をすることができます。

投資方法は1カ月に1回いくらというように、定期的に一定金額の買い付けを行う「累積投資契約」に限定されています。その意味では、初心者向けのつみたて投資を行うためにつくられた制度であり、ドルコスト平均法が活きてくる制度でもあります。

現行のつみたてＮＩＳＡの終了は２０４２年末までに設定されており、とても息の長い制度になります。40万円を最長約20年間つみたてていけば、それだけで投資総額は８００

現行のNISAとつみたてNISAの主な違い

NISA	つみたてNISA
（少額投資非課税制度）	（積立型少額投資非課税制度）
●非課税投資額が多い	●非課税投資額が少ない
●非課税投資期間が短い	●非課税投資期間が長い
●投資信託以外の個別株などにも投資できる	●投資信託以外の個別株などに投資できない

万円に達し、かなり大きな資産を築き上げることができます。

◆株を買いたければ一般NISA

ただし、つみたてNISAの場合、一般NISAのように株は買えません。金融庁が定めた条件を満たした投資信託やETF（上場投資信託）のみです。具体的には販売手数料が無料のノーロード型で、信託報酬も年間1・5％以下とローコストでの長期運用が可能な投資信託とETFだけが認められています。毎月お小遣い感覚で分配金がもらえることで人気のある毎月分配型投資信託は、分配金を受け取ることは長期運用向きではないという趣旨から、つみたてＮＩＳＡの対象外になっています。

つみたてＮＩＳＡの投資対象は、日経平均株価やＴＯＰＩＸ、海外の株や債券の指数に連動したインデックス型投資信託が圧倒的に多くなります。ノーロード型で信託報酬の低いアクティブ型投信も入っています。

高パフォーマンスを記録して大人気になっているｅＭＡＸＩＳ Ｓｌｉｍ 全世界株式（オール・カントリー）なども、つみたてＮＩＳＡ口座で購入できるので、基準価額の大きな値上がり益を期待したいなら狙い目といえるでしょう。

株価が何倍にもなるような人気株や、配当利回り４～５％くらいの高配当株を狙って、値上がり益や配当にかかる税金を最大限非課税に利用したいという投資上級者は、投資できる対象が多く、投資のやり方も自由な一般ＮＩＳＡのほうが使い勝手が良さそうです。

なお、ＮＩＳＡとつみたてＮＩＳＡは、２０２４年からの新ＮＩＳＡ制度の下で、１つの制度に統一されます。

そして、つみたてＮＩＳＡのほうは「つみたて投資枠」、一般ＮＩＳＡのほうは「成長投資枠」という形で、それぞれ使い分けられるようになります。

新しい制度については左ページの表をご参照ください。

2024年からの新NISAのイメージ

	つみたて投資枠	併用可 成長投資枠
年間投資枠	120万円 （つみたてNISAでは40万円）	240万円 （一般NISAでは120万円）
非課税保有期間	無期限 （つみたてNISAでは20年間）	無期限 （一般NISAでは5年間）
非課税保有限度額（総枠）	買い付け残高1800万円（うち成長投資枠1200万円）	
	（つみたてNISAでは800万円）	（一般NISAでは600万円）
口座開設期間	2024年〜（恒久化）	
	つみたてNISA、一般NISAともに2023年末まで	
投資対象商品	積み立て・分散投資に適した一定の投資信託（現行のつみたてNISA対象商品と同様）	上場株式・投資信託など（高レバレッジ型および毎月分配型の投資信託などを除く）
対象年齢	18歳以上	18歳以上
現行制度との関係	2023年末までに現行の一般NISAおよびつみたてNISA制度において投資した商品は、新しい制度とは別に、現行制度の非課税措置を適用 ※現行制度から新しい制度へのロールオーバーは不可	

Question 35

iDeCoって一体何がお得なの？

◆iDeCoは「節税の王様」

ｉＤｅＣｏのメリットは、とにかくあらゆる面で非課税の恩恵を受けられる点にあります。「よっ！　節税の王様」といいたくなるくらいｉＤｅＣｏを使うと支払う税金を少なくすることができるんです。

まず、月々つみたてる掛金は、全額所得控除の対象となり、その分の所得税、住民税を支払う必要がありません。これがものすごく大きい。たとえば毎月1万円（年間12万円）をｉＤｅＣｏでつみたてると、年間の節税効果は年収５００万円の人で2万４３００円、年収１０００万円の人になると3万６５００円。節税効果は20歳から65歳まで最長45年続くことになるので、得する税金が１００万円を超えてもおかしくありません！

ｉＤｅＣｏの掛金は、つみたて期間中、投資信託で運用することになりますが、その値

iDeCo3つのメリット

1 掛金が全額所得控除

掛金が全額、所得控除の対象となる。たとえば毎月の掛金が1万円だとすると年間で12万円、そのうち所得税（10%）、住民税（10%）が控除され、**年間2.4万円の税金が軽減される**。

2 運用益も非課税で再投資できる

ふつうは金融商品を運用して得た利益には20.315%の税金がかかるが、iDeCoなら**非課税で再投資される**。

3 受け取るときも大きな控除ができる

iDeCoでは、年金か一時金のどちらかで受け取り方法を選ぶことができる。年金の場合は「**公的年金等控除**」、一時金の場合は「**退職所得控除**」の対象になる。

節税効果で
iDeCoに
かなうものなし！

上がり益は分配金ももちろん非課税です。運用中に得られた利益を全くの非課税で再び運用に回すことで、「魔法の複利効果」を存分に発揮させることができます。

しかも60歳以降、つみたてた年金を引き出すときにも、国は配慮してくれています。一時金として全額を受け取るときは「退職所得控除」として、長期間にわたって引き出すときは「公的年金控除」という手厚い税額控除を受けられます。

「節税の三重奏」を楽しめるiDeCoですが、唯一の欠点があります。それは、60歳にならないと原則引き出せないことで、将来はその年齢も引き上げられる可能性があります。

そのため、いつでも引き出し可能なNISAやつみたてNISAと併用して、超余裕資金はiDeCoで、ボーナスや臨時収入などそれでも余った分はNISAでと、両方の制度を使い分けて節税効果をとことん引き出すのが賢い利用法といえるでしょう。

◆iDeCoの恐るべき節税効果

iDeCoの最大のメリットといえるのが、月々の掛金が所得から控除されて、その分の所得税、住民税を支払う必要がないことです。その節税効果は、1年間だけを取ってみても数万円以上も得できる素晴らしいもの。幸いiDeCoの掛金は元本割れリスクは全くない定期預金で運用することもできます。つまり掛金は全額元本保証になる定期預金に預けて、所得税、住民税の節税効果だけで得するという戦略も大いにありなのです。

所得税、住民税は、年収から基礎控除、配偶者控除、扶養控除や、その年に支払った社会保険料などを差し引いた課税所得に対して課税されます。たとえば年収500万円の場合の課税所得は229万7000円（概算、以下同）。iDeCoに加入しなければ所得税が13万2200円、住民税は23万9700円となり、通常は所得税と住民税の合計で37万1900円を支払う必要があります。

そんなときiDeCoに加入していれば、企業年金がない会社員の場合、毎月2万3000円、1年で27万6000円まで掛金をつみたてることができます。その場合の課税所得はもともとの231万5950円から27万6000円を差し引いた202万1000円。この金額に対して税金が計算されるわけですが、所得税は10万4600円、住民税は21万2100円となり、iDeCoに加入しているときとしていないときでは5万5200円も税額に差が出るというわけです。

27万6000円のつみたて額に対して5万5200円の節税ですから、その節税利回りを計算すると20%にも達します。どんな金融商品に投資しても、年率20%もの高利回りを最長40年間叩き出すのは絶対に不可能です。まさに「iDeCo恐るべし」ですね。

Question 36

iDeCoはどういう人に向いているの？

◆20歳になったらiDeCo

従来の年金制度は、国民年金や厚生年金のように、支払った掛金に応じて将来の給付額が自動的に決まる「確定給付型」でした。

でも、国民年金にしか加入していない自営業者の人や、企業年金制度がない会社員は、国民年金や厚生年金だけなので、老後に不安がありました。

そこで2001年にスタートしたのがiDeCo（individual-type Defined Contribution pension plan の略）、すなわち「個人型確定拠出年金制度」です。こちらは自分自身が独力でつみたてた掛金と、そこから得られる運用益を、60歳以降年金として受け取るというものです。「自分年金」と呼ばれるように拠出する（つみたてる）金額や運用の成績次第で、将来の年金が増えたり減ったりする点が確定給付型年金との大きな違いに

iDeCoの掛金には上限がある

iDeCo加入の基本は20歳以上65歳未満

加入資格		掛金
（第1号被保険者・任意加入被保険者） 自営業者等		月額6.8万円 （年額81.6万円） 国民年金基金または 国民年金付加保険料との 合算枠
（第2号被保険者） 会社員・公務員等	会社に企業年金がない会社員	月額2.3万円 （年額27.6万円）
	企業型DC（※❶）のみに加入している会社員	月額2.0万円 （年額24.0万円）
	DB（※❷）と企業型DC（※❶）に加入している会社員	月額1.2万円 （年額14.4万円）
	DB（※❷）のみに加入している会社員	月額1.2万円 （年額14.4万円）
	公務員等	月額1.2万円 （年額14.4万円）
（第3号被保険者） 専業主婦（夫）		月額2.3万円 （年額27.6万円）

※❶企業型DC＝企業型確定拠出年金。企業が掛金を毎月つみたて（拠出し）て、加入者である従業員が自ら年金資産の運用を行う制度。　※❷DBとは、確定給付企業年金（DB）、厚生年金基金、石炭鉱業年金基金、私立学校教職員共済のこと。
厚生労働省Webサイトより

なります。

その後、この制度への加入の条件がかなり緩やかなものに変更されています。

今では原則20歳以上65歳未満（※）であれば、企業型確定拠出年金に加入している会社員、確定給付型の企業年金がある会社員、専業主婦や公務員など、ほぼ誰でも加入できるようになりました。

◆職業によって掛金の上限が違う

ｉＤｅＣｏは自営業者か会社員か主婦か、会社員でも企業年金があるかないかなどで月々つみたてることができる掛金に上限が設けられています。

最も高額のつみたてができるのは、国民年金や国民年金基金にしか加入できない自営業者や、フリーランスの人で月々6万8000円（年間81万6000円）です。

会社に企業年金がない会社員の場合、国民年金に相当する老齢基礎年金と、2階部分に相当する厚生年金しか確定給付型年金がありません。

そのため2001年の制度開始当初から、自分年金である個人型確定拠出年金に加入できました。

その掛金の上限は月2万3000円（年間27万6000円）です。

(※) 20歳未満でも会社員（厚生年金の被保険者）なら、また、60歳以上65歳未満でも国民年金の任意加入被保険者か厚生年金の被保険者なら加入できるちなみに、会社員の配偶者である専業主婦（主夫）は第3号被保険者とみなされ、保険料を納めていなくても老齢基礎年金をもらうことができますが、そんな専業主婦のｉＤｅＣｏの月々の掛金の上限額も同じ2万３０００円です。

勤めている会社が年金の３階部分に当たる企業型確定拠出年金に加入している場合も、それだけでは心もとないということで、２０１７年からは月額2万円（年間24万円）を上限にｉＤｅＣｏに加入できるようになりました。

◆自分の掛金の上限を確認しておこう

一番掛金が少ないのは、勤めている会社が3階部分に相当する確定給付型年金に加入している場合で、このケースに該当する会社員や公務員の場合は月々1万２０００円（年間14万４０００円）が上限になります。

自分が一体どの立場に該当するのかは、なかなかわからないものです。そこで金融機関にｉＤｅＣｏ口座の開設申請をすると、会社員の場合、「事業所登録申請書兼第2号加入者に係る事業主の証明書」という書類が送られてきます。

勤務している会社の総務部など担当部署にこの書類を記入してもらうことで、自分の掛金の上限が一体いくらになるのかわかるので確認しておきましょう。

金融庁お墨付き！
つみたてNISA対象投資信託リスト

金融庁の条件を満たした「つみたてNISA」の
対象商品届け出一覧（運用会社別）から
221本の商品をご紹介します（2023年2月9日現在）

【指定インデックス投資信託：188本】

ファンド名称（※1）	運用会社
auスマート・ベーシック（安定）	auアセットマネジメント㈱
auスマート・ベーシック（安定成長）	auアセットマネジメント㈱
JP4資産均等バランス	JP投信㈱
PayPay投信 日経225インデックス	PayPayアセットマネジメント㈱
SBI・全世界株式インデックス・ファンド	SBIアセットマネジメント㈱
SBI・新興国株式インデックス・ファンド	SBIアセットマネジメント㈱
SBI・先進国株式インデックス・ファンド	SBIアセットマネジメント㈱
SBI・V・S&P500インデックス・ファンド	SBIアセットマネジメント㈱
SBI・V・全世界株式インデックス・ファンド	SBIアセットマネジメント㈱
SBI・V・全米株式インデックス・ファンド	SBIアセットマネジメント㈱
グローバル株式インデックス・ポートフォリオ（M）	sustenキャピタル・マネジメント㈱
朝日ライフ 日経平均ファンド	朝日ライフ アセットマネジメント㈱
たわらノーロード　TOPIX	アセットマネジメントOne㈱
たわらノーロード　最適化バランス（安定型）	アセットマネジメントOne㈱
たわらノーロード　最適化バランス（安定成長型）	アセットマネジメントOne㈱
たわらノーロード　最適化バランス（成長型）	アセットマネジメントOne㈱
たわらノーロード　最適化バランス（積極型）	アセットマネジメントOne㈱
たわらノーロード　最適化バランス（保守型）	アセットマネジメントOne㈱
たわらノーロード　新興国株式	アセットマネジメントOne㈱
たわらノーロード　先進国株式	アセットマネジメントOne㈱
たわらノーロード　先進国株式<為替ヘッジあり>	アセットマネジメントOne㈱
たわらノーロード　日経225	アセットマネジメントOne㈱
たわらノーロード　バランス（8資産均等型）	アセットマネジメントOne㈱
たわらノーロード　バランス（堅実型）	アセットマネジメントOne㈱
たわらノーロード　バランス（積極型）	アセットマネジメントOne㈱
たわらノーロード　バランス（標準型）	アセットマネジメントOne㈱
たわらノーロード　全世界株式	アセットマネジメントOne㈱
日本株式・Jリートバランスファンド	岡三アセットマネジメント㈱
しんきんノーロード日経225	しんきんアセットマネジメント投信㈱
グローバル株式ファンド	スカイオーシャン・アセットマネジメント㈱
全世界株式インデックス・ファンド	ステート・ストリート・グローバル・アドバイザーズ㈱
米国株式インデックス・ファンド	ステート・ストリート・グローバル・アドバイザーズ㈱
iFree 8資産バランス	大和アセットマネジメント㈱
iFree JPX日経400インデックス	大和アセットマネジメント㈱
iFree S&P500インデックス	大和アセットマネジメント㈱
iFree TOPIXインデックス	大和アセットマネジメント㈱
iFree 外国株式インデックス（為替ヘッジあり）	大和アセットマネジメント㈱
iFree 外国株式インデックス（為替ヘッジなし）	大和アセットマネジメント㈱
iFree 新興国株式インデックス	大和アセットマネジメント㈱
iFree 日経225インデックス	大和アセットマネジメント㈱
ダイワ・ライフ・バランス30	大和アセットマネジメント㈱
ダイワ・ライフ・バランス50	大和アセットマネジメント㈱
ダイワ・ライフ・バランス70	大和アセットマネジメント㈱
つみたて日経225インデックスファンド	中銀アセットマネジメント㈱
ドイチェ・ETFバランス・ファンド	ドイチェ・アセット・マネジメント㈱

ファンド名称（※1）	運用会社
東京海上・円資産インデックスバランスファンド	東京海上アセットマネジメント(株)
東京海上セレクション・外国株式インデックス	東京海上アセットマネジメント(株)
東京海上セレクション・日本株TOPIX	東京海上アセットマネジメント(株)
東京海上ターゲット・イヤー・ファンド2035	東京海上アセットマネジメント(株)
東京海上ターゲット・イヤー・ファンド2045	東京海上アセットマネジメント(株)
東京海上ターゲット・イヤー・ファンド2055	東京海上アセットマネジメント(株)
東京海上ターゲット・イヤー・ファンド2065	東京海上アセットマネジメント(株)
東京海上・日経225インデックスファンド	東京海上アセットマネジメント(株)
Tracers グローバル3分法（おとなのバランス）（※2）	日興アセットマネジメント(株)
<購入・換金手数料なし>ニッセイ・インデックスバランスファンド（4資産均等型）	ニッセイアセットマネジメント(株)
<購入・換金手数料なし>ニッセイ・インデックスバランスファンド（6資産均等型）	ニッセイアセットマネジメント(株)
<購入・換金手数料なし>ニッセイJPX日経400インデックスファンド	ニッセイアセットマネジメント(株)
<購入・換金手数料なし>ニッセイTOPIXインデックスファンド	ニッセイアセットマネジメント(株)
<購入・換金手数料なし>ニッセイ外国株式インデックスファンド	ニッセイアセットマネジメント(株)
<購入・換金手数料なし>ニッセイ新興国株式インデックスファンド	ニッセイアセットマネジメント(株)
<購入・換金手数料なし>ニッセイ世界株式ファンド（GDP型バスケット）	ニッセイアセットマネジメント(株)
<購入・換金手数料なし>ニッセイ日経平均インデックスファンド	ニッセイアセットマネジメント(株)
DCニッセイワールドセレクトファンド（安定型）	ニッセイアセットマネジメント(株)
DCニッセイワールドセレクトファンド（株式重視型）	ニッセイアセットマネジメント(株)
DCニッセイワールドセレクトファンド（債券重視型）	ニッセイアセットマネジメント(株)
DCニッセイワールドセレクトファンド（標準型）	ニッセイアセットマネジメント(株)
ニッセイ・インデックスパッケージ（国内・株式／リート／債券）	ニッセイアセットマネジメント(株)
ニッセイ・インデックスパッケージ（内外・株式）	ニッセイアセットマネジメント(株)
ニッセイ・インデックスパッケージ（内外・株式／リート）	ニッセイアセットマネジメント(株)
ニッセイ・インデックスパッケージ（内外・株式／リート／債券）	ニッセイアセットマネジメント(株)
ニッセイTOPIXオープン	ニッセイアセットマネジメント(株)
ニッセイ日経225インデックスファンド	ニッセイアセットマネジメント(株)
農林中金<パートナーズ>つみたてNISA日本株式 日経225	農林中金全共連アセットマネジメント(株)
農林中金<パートナーズ>つみたてNISA米国株式 S&P500	農林中金全共連アセットマネジメント(株)
NZAM・ベータ　日経225	農林中金全共連アセットマネジメント(株)
NZAM・ベータ　S&P500	農林中金全共連アセットマネジメント(株)
NZAM・ベータ　日本2資産（株式+REIT）	農林中金全共連アセットマネジメント(株)
NZAM・ベータ　米国2資産（株式+REIT）	農林中金全共連アセットマネジメント(株)
世界6資産分散ファンド	野村アセットマネジメント(株)
野村6資産均等バランス	野村アセットマネジメント(株)
野村インデックスファンド・JPX日経400	野村アセットマネジメント(株)
野村インデックスファンド・TOPIX	野村アセットマネジメント(株)
野村インデックスファンド・海外5資産バランス	野村アセットマネジメント(株)
野村インデックスファンド・外国株式	野村アセットマネジメント(株)
野村インデックスファンド・外国株式・為替ヘッジ型	野村アセットマネジメント(株)
野村インデックスファンド・新興国株式	野村アセットマネジメント(株)
野村インデックスファンド・内外7資産バランス・為替ヘッジ型	野村アセットマネジメント(株)
野村インデックスファンド・日経225	野村アセットマネジメント(株)
野村つみたて外国株投信	野村アセットマネジメント(株)
野村つみたて日本株投信	野村アセットマネジメント(株)
野村資産設計ファンド（DC・つみたてNISA）2030	野村アセットマネジメント(株)
野村資産設計ファンド（DC・つみたてNISA）2040	野村アセットマネジメント(株)
野村資産設計ファンド（DC・つみたてNISA）2050	野村アセットマネジメント(株)
野村資産設計ファンド（DC・つみたてNISA）2060	野村アセットマネジメント(株)
野村スリーゼロ先進国株式投信	野村アセットマネジメント(株)
フィデリティ・ターゲット・デート・ファンド（ベーシック）2040	フィデリティ投信(株)
フィデリティ・ターゲット・デート・ファンド（ベーシック）2045	フィデリティ投信(株)
フィデリティ・ターゲット・デート・ファンド（ベーシック）2050	フィデリティ投信(株)
フィデリティ・ターゲット・デート・ファンド（ベーシック）2055	フィデリティ投信(株)
フィデリティ・ターゲット・デート・ファンド（ベーシック）2060	フィデリティ投信(株)
フィデリティ・ターゲット・デート・ファンド（ベーシック）2065	フィデリティ投信(株)
フィデリティ・ターゲット・デート・ファンド（ベーシック）2070	フィデリティ投信(株)
ブラックロック・つみたて・グローバルバランスファンド	ブラックロック・ジャパン(株)
iシェアーズ　米国株式（S&P500）インデックス・ファンド	ブラックロック・ジャパン(株)
外国株式指数ファンド	三井住友DSアセットマネジメント(株)
三井住友・DC新興国株式インデックスファンド	三井住友DSアセットマネジメント(株)
三井住友・DCターゲットイヤーファンド2040（4資産タイプ）	三井住友DSアセットマネジメント(株)
三井住友・DCターゲットイヤーファンド2045（4資産タイプ）	三井住友DSアセットマネジメント(株)
三井住友・DCつみたてNISA・世界分散ファンド	三井住友DSアセットマネジメント(株)
三井住友・DCつみたてNISA・全海外株インデックスファンド	三井住友DSアセットマネジメント(株)
三井住友・DCつみたてNISA・日本株インデックスファンド	三井住友DSアセットマネジメント(株)
三井住友・DC年金バランス30（債券重点型）	三井住友DSアセットマネジメント(株)
三井住友・DC年金バランス50（標準型）	三井住友DSアセットマネジメント(株)
三井住友・DC年金バランス70（株式重点型）	三井住友DSアセットマネジメント(株)

ファンド名称（※1）	運用会社
SMBC・DCインデックスファンド（日経225）	三井住友DSアセットマネジメント㈱
SMBC・DCインデックスファンド（S&P500）	三井住友DSアセットマネジメント㈱
SMBC・DCインデックスファンド（MSCIコクサイ）	三井住友DSアセットマネジメント㈱
My　SMT TOPIXインデックス（ノーロード）	三井住友トラスト・アセットマネジメント㈱
My　SMT グローバル株式インデックス（ノーロード）	三井住友トラスト・アセットマネジメント㈱
My　SMT 新興国株式インデックス（ノーロード）	三井住友トラスト・アセットマネジメント㈱
My　SMT 日経 225 インデックス（ノーロード）	三井住友トラスト・アセットマネジメント㈱
My　SMT　S&P500インデックス（ノーロード）	三井住友トラスト・アセットマネジメント㈱
SBI資産設計オープン（つみたてNISA対応型）	三井住友トラスト・アセットマネジメント㈱
SMT　8資産インデックスバランス・オープン	三井住友トラスト・アセットマネジメント㈱
SMT　JPX日経インデックス400・オープン	三井住友トラスト・アセットマネジメント㈱
SMT　TOPIXインデックス・オープン	三井住友トラスト・アセットマネジメント㈱
SMT　グローバル株式インデックス・オープン	三井住友トラスト・アセットマネジメント㈱
SMT　新興国株式インデックス・オープン	三井住友トラスト・アセットマネジメント㈱
SMT　世界経済インデックス・オープン	三井住友トラスト・アセットマネジメント㈱
SMT　世界経済インデックス・オープン（株式シフト型）	三井住友トラスト・アセットマネジメント㈱
SMT　世界経済インデックス・オープン（債券シフト型）	三井住友トラスト・アセットマネジメント㈱
SMT　日経225インデックス・オープン	三井住友トラスト・アセットマネジメント㈱
eMAXIS JPX日経400インデックス	三菱UFJ国際投信㈱
eMAXIS Slim 国内株式（TOPIX）	三菱UFJ国際投信㈱
eMAXIS Slim 国内株式（日経平均）	三菱UFJ国際投信㈱
eMAXIS Slim 新興国株式インデックス	三菱UFJ国際投信㈱
eMAXIS Slim 先進国株式インデックス	三菱UFJ国際投信㈱
eMAXIS Slim 全世界株式（3地域均等型）	三菱UFJ国際投信㈱
eMAXIS Slim 全世界株式（除く日本）	三菱UFJ国際投信㈱
eMAXIS Slim 全世界株式（オール・カントリー）	三菱UFJ国際投信㈱
eMAXIS Slim バランス（8資産均等型）	三菱UFJ国際投信㈱
eMAXIS Slim 米国株式（S&P500）	三菱UFJ国際投信㈱
eMAXIS TOPIXインデックス	三菱UFJ国際投信㈱
eMAXIS 最適化バランス（マイ　ゴールキーパー）	三菱UFJ国際投信㈱
eMAXIS 最適化バランス（マイ　ストライカー）	三菱UFJ国際投信㈱
eMAXIS 最適化バランス（マイ　ディフェンダー）	三菱UFJ国際投信㈱
eMAXIS 最適化バランス（マイ　フォワード）	三菱UFJ国際投信㈱
eMAXIS 最適化バランス（マイ　ミッドフィルダー）	三菱UFJ国際投信㈱
eMAXIS 新興国株式インデックス	三菱UFJ国際投信㈱
eMAXIS 先進国株式インデックス	三菱UFJ国際投信㈱
eMAXIS 全世界株式インデックス	三菱UFJ国際投信㈱
eMAXIS 日経225インデックス	三菱UFJ国際投信㈱
eMAXIS バランス（4資産均等型）	三菱UFJ国際投信㈱
eMAXIS バランス（8資産均等型）	三菱UFJ国際投信㈱
eMAXIS マイマネージャー　1970s	三菱UFJ国際投信㈱
eMAXIS マイマネージャー　1980s	三菱UFJ国際投信㈱
eMAXIS マイマネージャー　1990s	三菱UFJ国際投信㈱
つみたて4資産均等バランス	三菱UFJ国際投信㈱
つみたて8資産均等バランス	三菱UFJ国際投信㈱
つみたて新興国株式	三菱UFJ国際投信㈱
つみたて先進国株式	三菱UFJ国際投信㈱
つみたて先進国株式（為替ヘッジあり）	三菱UFJ国際投信㈱
つみたて日本株式（TOPIX）	三菱UFJ国際投信㈱
つみたて日本株式（日経平均）	三菱UFJ国際投信㈱
つみたて米国株式（S&P500）	三菱UFJ国際投信㈱
つみたて全世界株式	三菱UFJ国際投信㈱
楽天・インデックス・バランス・ファンド（株式重視型）	楽天投信投資顧問㈱
楽天・インデックス・バランス・ファンド（均等型）	楽天投信投資顧問㈱
楽天・インデックス・バランス・ファンド（債券重視型）	楽天投信投資顧問㈱
楽天・全世界株式インデックス・ファンド	楽天投信投資顧問㈱
楽天・全世界株式（除く米国）インデックス・ファンド	楽天投信投資顧問㈱
楽天・全米株式インデックス・ファンド	楽天投信投資顧問㈱
楽天・資産づくりファンド（がっちりコース）	楽天投信投資顧問㈱
楽天・資産づくりファンド（しっかりコース）	楽天投信投資顧問㈱
楽天・資産づくりファンド（じっくりコース）	楽天投信投資顧問㈱
楽天・資産づくりファンド（なかなかコース）	楽天投信投資顧問㈱
楽天・資産づくりファンド（のんびりコース）	楽天投信投資顧問㈱
Smart-i　8資産バランス　安定型	りそなアセットマネジメント㈱
Smart-i　8資産バランス　安定成長型	りそなアセットマネジメント㈱
Smart-i　8資産バランス　成長型	りそなアセットマネジメント㈱
Smart-i　Select　全世界株式インデックス	りそなアセットマネジメント㈱

ファンド名称（※1）	運用会社
Smart-i　Select　全世界株式インデックス（除く日本）	りそなアセットマネジメント㈱
Smart-i TOPIXインデックス	りそなアセットマネジメント㈱
Smart-i 新興国株式インデックス	りそなアセットマネジメント㈱
Smart-i 先進国株式インデックス	りそなアセットマネジメント㈱
Smart-i 日経225インデックス	りそなアセットマネジメント㈱
Smart-i　S&P500インデックス	りそなアセットマネジメント㈱
つみたてバランスファンド	りそなアセットマネジメント㈱

※1　ファンド名称は、運用会社の五十音順で表示している。
※2　2月9日、「Tracers グローバル３分法（おとなのバランス）」を追加。

【指定インデックス投資信託以外の投資信託（アクティブ運用投資信託等）：26本】

ファンド名称（※1）	運用会社
HSBCワールド・セレクション（成長コース）	HSBCアセットマネジメント㈱
LOSA長期保有型国際分散インデックスファンド	PayPayアセットマネジメント㈱
EXE-i　グローバル中小型株式ファンド	SBIアセットマネジメント㈱
ハッピーエイジング20	SOMPOアセットマネジメント㈱
ハッピーエイジング30	SOMPOアセットマネジメント㈱
ハッピーエイジング40	SOMPOアセットマネジメント㈱
たわらノーロード　NYダウ	アセットマネジメントOne㈱
結い 2101	鎌倉投信㈱
キャピタル世界株式ファンド（DC年金つみたて専用）	キャピタル・インターナショナル(株)
コモンズ30ファンド	コモンズ投信㈱
セゾン・グローバルバランスファンド	セゾン投信㈱
セゾン資産形成の達人ファンド	セゾン投信㈱
iFree NYダウ・インデックス	大和アセットマネジメント㈱
年金積立　Jグロース	日興アセットマネジメント㈱
ニッセイ日本株ファンド	ニッセイアセットマネジメント㈱
のむラップ・ファンド（積極型）	野村アセットマネジメント㈱
野村インデックスファンド・米国株式配当貴族	野村アセットマネジメント㈱
野村インデックスファンド・米国株式配当貴族・為替ヘッジ型	野村アセットマネジメント㈱
フィデリティ・欧州株・ファンド	フィデリティ投信㈱
フィデリティ・米国優良株・ファンド	フィデリティ投信㈱
ブラックロック・インデックス投資戦略ファンド	ブラックロック・ジャパン㈱
大和住銀DC国内株式ファンド	三井住友DSアセットマネジメント㈱
世界経済インデックスファンド	三井住友トラスト・アセットマネジメント㈱
eMAXIS NYダウインデックス	三菱UFJ国際投信㈱
ひふみ投信	レオス・キャピタルワークス㈱
ひふみプラス	レオス・キャピタルワークス㈱

※1　ファンド名称は、運用会社の五十音順で表示している。

【上場株式投資信託（ETF）：7本】

ファンド名称（※1）	運用会社
ダイワ上場投信－JPX日経400	大和アセットマネジメント㈱
ダイワ上場投信－トピックス	大和アセットマネジメント㈱
ダイワ上場投信－日経225	大和アセットマネジメント㈱
上場インデックスファンド米国株式（S&P500）	日興アセットマネジメント㈱
上場インデックスファンド世界株式（MSCI ACWI）除く日本	日興アセットマネジメント㈱
上場インデックスファンド海外先進国株式（MSCI-KOKUSAI）	日興アセットマネジメント㈱
上場インデックスファンド海外新興国株式（MSCIエマージング）	日興アセットマネジメント㈱

※1　ファンド名称は、運用会社の五十音順で表示している。

自分に合った
金融商品を見つけて
さっそく
長期つみたて投資を
始めましょう！

若林史江

Fumie Wakabayashi

1977年10月生まれ。神奈川県横浜市出身。20歳で株式投資をスタートし、その魅力に取りつかれてトレード生活を始める。その後、"個人投資家と株式投資の懸け橋になりたい"と、メディアデビュー。テレビ、ラジオ、雑誌で一躍人気者に。「兜町の株姫」といわれるほど人気を博す。2005年よりTOKYO MXのテレビ番組『5時に夢中！』の月曜レギュラー。株とお金に強く「柔軟な発想力と大胆かつ堅実な相場観を持った兜町の重鎮」として活躍中。著書に『ズボラな人ほど得をする! 100円つみたて投資入門』（宝島社）など。

証券口座の開き方から教えます！
投資の学校1年生1学期

2023年6月29日　第1刷発行

著　者　若林史江
発行人　蓮見清一
発行所　株式会社宝島社
〒102-8388　東京都千代田区一番町25番地
電話〔営業〕03-3234-4621〔編集〕03-3239-0646
https://tkj.jp
印刷・製本　サンケイ総合印刷株式会社

Printed in Japan
ISBN 978-4-299-04434-1